DE LA RÉGENCE

D'APRÈS LA DISCUSSITN

A L'ASSEMBLÉE NATIONALE

EN 1791.

IMPRIMERIES DE PECQUEREAU ET Ce,
rue de la Harpe, 58.

DE LA RÉGENCE

D'APRÈS LA DISCUSSION

A L'ASSEMBLÉE NATIONALE

EN 1791,

PAR L'AUTEUR DE

LES JÉSUITES ET LEUR DOCTRINE.

Tantœ molis erat Romanam condere gentem.
(Virgile, Énéide)

Prix : 1 fr. 50 c.

PARIS

CHARLES LE CLÈRE, LIBRAIRE-ÉDITEUR,

RUE GIT-LE-CŒUR, 10.

ET DANS TOUS LES DÉPÔTS DE PUBLICATIONS PITTORESQUES.

1842

DE LA RÉGENCE.

Eh quoi! les destinées de la France, sa situation politique et gouvernementale seront donc toujours mises en question! Après cinquante ans de révolutions, en serions-nous toujours au même point? Au lieu d'avancer, faut-il rétrograder et remonter jus-qu'à la naissance de la monarchie constitutionnelle qu'avait cher-ché à fonder l'assemblée constituante? Douze ans de perdus! s'é-crie un journaliste ; oui, pour la nouvelle dynastie, mais pour la constitution nous voilà revenus à 1791. Un de ces événements épouvantables qui sont pourtant dans l'ordre des choses, mais qu'on ne songe point à prévoir, vient de bouleverser les fonde-ments sur lesquels était assise une nouvelle dynastie qu'on croyait à l'abri de toute atteinte. Les pavés de la capitale avaient brisé la couronne d'un roi parjure ; la cruelle, l'inexorable, l'inexplicable fatalité vient d'agir en sens inverse ; elle a fra-cassé sur le pavé d'un chemin public la tête d'un jeune prince qu'allait bientôt orner une couronne qu'on disait plus populaire. Hommes orgueilleux, législateurs insensés, vous avez donc cru qu'il était si facile d'établir ce système bâtard de gouvernement qu'on appelle monarchie constitutionnelle? Le destin ou plutôt le génie de la France s'est joué de vous tous, il vient de vous faire subir une épreuve qui vous apprendra qu'on n'impose pas des lois à un peuple sans son assentiment. Pourquoi faut-il que la victime soit un prince qui faisait concevoir les plus belles espérances, un prince chéri de tous, tant par ses qualités personnelles que par ses vertus politiques, un prince dont l'élévation au trône eût été adoptée de tout un peuple généreux et enthousiaste? *Encore si c'était moi!* a dit Louis-Philippe : paroles déchirantes et sublimes qui expriment tout à la fois et son amour de père pour son malheureux fils et son amour de roi pour la malheureuse France. Mais non, députés élus par des électeurs qui avaient prêté serment au roi et à la charte de 1814, loin de vous démettre et de demander un mandat positif, vous avez rendu vos électeurs parjures; et parce que Charles X l'a été, était-ce une raison pour qu'ils le fussent? Vous vous êtes hâtés d'édifier une royauté nouvelle, de bâcler une nouvelle charte; vous avez fait ces actes entre vous et en plus petit nombre possible, afin que les faveurs royales ne fussent pas trop disséminées et ne tombassent que sur vous seuls; mais dans votre précipitation, vous avez oublié d'insérer dans votre charte de vérité ce qui devait importer le plus à la stabilité du nouveau trône, une disposition pour la régence. Vous vous êtes imaginés que le jeune et bien portant héritier de la couronne vivrait pour déverser sur vos enfants les libéralités dont vous inondent son père. Cependant qu'était devenu le génie protecteur de la nation française? Hélas! il se voilait la face, il abandonnait la partie et laissait le champ libre au démon qui préside aux dissensions, aux discordes civiles et aux complots régicides. Alors un esprit de vertige s'empara de certaines têtes, alors les émeutes grondèrent, la discorde arma la main des assassins; alors le souverain ne se crut plus en sûreté, il se retira dans des châteaux entourés de fossés, gardés par des milliers de sentinelles; alors les puissances étrangères firent peur à nos gouvernants, et, sous le prétexte de leur imposer, on travaille à construire des forts de manière à tenir en respect la ville des révolutions. Mais le destin, qui semblait sommeiller, s'est réveillé par un coup de tonnerre pour apprendre à nos représentants que s'ils savent élever des forts, ils ignorent comment on édifie une constitution. C'est vers les abords déserts du château où trône son père, qu'un fils infortuné, bien innocent, hélas! des fautes d'odieux courtisans, vient payer de sa vie les erreurs qu'un sort aveugle a voulu châtier; c'est non loin du seuil paternel qu'il vient mourir et qu'il semble dire que les projets les plus vastes viennent échouer contre la mort.

Oui, c'est une œuvre difficile que celle de fonder une nouvelle dynastie, presque aussi dificile que celle de fonder un empire. Virgile l'a dit :

Tantæ molis erat romanam condere gentem.

Napoléon y a échoué, et cependant il avait été élu par le peuple ; mais ce n'est pas le peuple qui a failli, c'est lui qui a failli au peuple. Tant qu'il a consulté la nation, il a été grand et invincible. Il l'a consultée pour être consul et empereur, et il a été grand consul et grand empereur ; il a cessé de la consulter pour s'allier à la fille des Césars et pour faire la guerre au peuple espagnol ; dès ce moment il a été vaincu et il est tombé. *Vox populi, vox Dei !* Cet axiôme est aussi vieux que l'existence du premier peuple.

Le premier rejeton de la nouvelle dynastie est mort sans avoir fleuri sur le trône ; mais il a laissé deux faibles branches : peuple français, prends-les sous ta protection, mets-les à l'abri des orages qui s'élèvent si souvent dans ton sein, donne-leur un tuteur droit et vigoureux contre lequel ils puissent grandir et se fortifier. On t'a méconnu bien souvent alors que ton secours eût été si utile, mais tu es généreux et tu sais pardonner. On s'est servi de toi pour abattre un trône ; tu t'y es prêté de grand cœur, parce qu'il avait été imposé par l'étranger ; tu as agi dignement. On s'est passé de toi pour en élever un autre, tu l'as adopté, parce qu'on t'a fait des promesses qu'on a éludées : respecte cette adoption et sois patient ; le temps n'est pas loin où ta longanimité sera enfin récompensée.

On remarque avec un pénible étonnement que, depuis Louis XVI, aucun héritier direct n'a succédé au trône paternel : Louis XVII est mort en prison, à la fleur de l'âge ; le roi de Rome et le duc de Bordeaux ont été déchus et exilés; le malheureux duc d'Orléans périt à la veille de voir la couronne ceindre son noble et généreux front. Nos neveux verront-ils se renouer cette chaîne sans cesse interrompue par des révolutions ou des désastres? Comment expliquer cette fatalité qui semblé peser particulièrement sur nous? La Providence semblerait-elle vouloir nous avertir que nous n'avons pas encore rencontré la forme du gouvernement qui nous convient, ou que nous n'avons pas su le consolider de manière à ce que la France soit à l'abri des orages, des bouleversements et des malheurs? En Angleterre, la monarchie constitutionnelle poursuit sa carrière sans secousse; l'Autriche et la Prusse paraissent contentes sous leurs rois absolus, qui se succèdent régulièrement. Nous avons essayé un peu de tout : d'un simulacre de république, du despotisme impérial, d'un semblant de gouvernement représentatif. Que nous faut-il enfin? On ne le saura que lorsque la nation aura cessé d'être bâillonnée et qu'on lui aura permis de faire entendre sa grande voix; car, on ne saurait le désavouer, son assentiment a été presque toujours escamoté depuis 89 jusqu'à ce jour.

La rédaction d'une loi de régence n'est certes pas chose facile à faire dans un gouvernement représentatif. Ce gouvernement composé de trois pouvoirs dont l'un est hériditaire, le second élu par le premier et le troisième élu par le peuple, forme un amalgame dont les deux tiers sont nécessairement aristocratiques et l'autre tiers démocratique, et encore ce dernier tiers, grâce à la loi électorale qui nous régit, offre une autre espèce d'aristocratie qui est celle de l'argent, de sorte qu'à vrai dire le peuple n'est pas représenté et n'entre pour rien dans le gouvernement. Or la chambre des députés, telle qu'elle est composée, bien qu'elle n'ait pas mandat pour faire une loi de régence, se croyant apte à la rédiger, n'admettra point que l'élection du régent soit faite par le peuple ; elle aura donc à choisir entre la mère du roi mineur et son plus proche parent. On ne pense point qu'elle aille, pour se guider, chercher des précédents dans l'ancienne monarchie qui présente une infinité de contradictions, puisqu'on compte des régents et des régentes nommés tantôt par les états-généraux, tantôt par les parlements, tantôt par les rois. D'ailleurs le système des monarchies absolues n'a aucun rapport avec notre forme de gouvernement.

Si nous avions un gouvernement républicain comme celui des États-Unis, nos législateurs ne seraient pas embarrassés; ils n'auraient point de loi de régence à élaborer, pour la raison toute naturelle que, lorsque le président de la république meurt, le vice-président prend sa place ou que le peuple en nomme un autre. Ce qui prouverait que le gouvernement le plus simple pourrait bien être le meilleur.

La chambre des députés actuelle, si elle se croit à toute force le droit de compléter la charte, droit qu'elle devrait tenir des électeurs par un mandat spécial, ne peut donc que recourir à la jurisprudence politique de l'assemblée constituante qui, après avoir créé un gouvernement constitutionnel, se trouvait dans la position où nous nous trouvons. Certes, la question fut, à cette époque, envisagée sur toutes ses faces et bien approfondie. Ce n'est donc que dans cette importante discussion que nos législateurs peuvent puiser les renseignements dont ils ont besoin. Alors comme aujourd'hui l'héritier présomptif était mineur, la circonstance était impérieuse; elle est bien plus urgente aujourd'hui que le roi est vieux et que le mineur est en bas âge.

Nous avons recueilli cette fameuse discussion où les orateurs les plus éminents ont pris part et nous nous empressons de la mettre sous les yeux des citoyens qui prennent intérêt à la chose publique, afin qu'ils puissent comparer le travail de nos pères avec celui que vont opérer nos législateurs. On jugera si nous avons fait quelques progrès dans la connaissance du gouvernement représentatif.

ASSEMBLÉE NATIONALE.

Séance du 22 mars 1791.

THOURET. « Je viens, au nom du comité de constitution, vous présenter un projet de loi sur la régence. Pour faire ce travail, le comité s'est pénétré du principe que ce n'est que pour l'intérêt public que la royauté, cette magistrature suprême de la nation, est héréditairement déléguée, mais que cette suprématie héréditaire ne fait pas que la royauté puisse jamais être patrimoniale. L'individu qui jouit de cette hérédité peut se trouver, par la faiblesse de son âge, hors d'état de remplir les hautes fonctions de la royauté. C'est alors qu'une délégation temporaire devient indispensable. Le droit de constituer la régence est donc le droit de déterminer les règles de la délégation temporaire des fonctions royales. Ce droit appartient à la nation, aux mêmes titres et de la même manière que le droit de constituer la royauté. Comme ce n'est pas pour l'intérêt particulier du roi et de sa famille que la nation leur a délégué la royauté héréditaire, de même ce n'est pas pour l'intérêt particulier du roi mineur que la régence est déléguée; de même aussi la régence n'est pas un droit inhérent à sa famille. C'est par là que cette fonction diffère essentiellement de la tutelle : celle-ci n'a pour objet que l'intérêt du mineur; la régence est une magistrature instituée pour l'intérêt du peuple. L'assemblée est donc libre de prescrire toutes les règles à cet égard; en constituant la régence, elle préviendra pour l'avenir tous les débats et tous les troubles qui, au témoignage de l'histoire se sont presque toujours élevés pendant les minorités...

« Le comité propose de déléguer la régence en ligne directe au parent majeur le plus proche par les mâles; et en cas de parité, à l'aîné. Cet article a les mêmes motifs, le même avantage que l'hérédité de la royauté; il a pour objet de prévenir la dissension, en déterminant le rang entre les concurrents. Les puissantes raisons sur lesquelles il est fondé n'ont pas besoin de développements. La régence n'en est pas moins distincte de la royauté; si le mode de délégation est le même en quelques points, il n'est pas nécessairement commun dans tous. On ne peut donc pas craindre ici que nous préjugions les questions relatives à la délégation de la royauté que l'assemblée s'est réservée de décider séparément. Il est aussi inutile de développer les raisons pour lesquelles les femmes doivent être exclues absolument de la régence; vous avez décrété absolument qu'elles seraient exclues de la royauté.

« Nous avons dû prévoir le cas où le roi mineur n'aurait pas de parents réunissant les conditions requises. Nous avons pensé qu'alors il fallait recourir à l'élection par le peuple, comme dans le cas où le roi mourrait sans parents. Mais que sera le mode de cette élection? Le comité a reconnu que la délégation de la régence, étant temporaire, a infiniment moins d'importance que celle de la royauté qui est à vie, qui est héréditaire et s'étend sur toute une famille. Nous n'avons pas cru que l'élection d'un régent pût être utilement et même sans danger confiée à la législature, parce qu'elle n'entre pas dans sa mission, mais surtout parce qu'une circonstance telle que la nomination du suppléant de la royauté mettrait le corps législatif en état de rompre l'équilibre des pouvoirs.

« La nécessité des choses, l'intérêt public, obligent donc à ne confier cette nomination qu'à un corps électoral nommé à cet effet.... Mais aussi il est important de prendre des précautions pour empêcher ce corps électoral d'abuser de la ressemblance apparente qu'il y aurait entre lui et le corps législatif, pour l'empêcher de rivaliser avec ce dernier et d'usurper ses pouvoirs. C'est pour signaler, d'une manière ostensible et frappante, la distinction qu'indique la nature des choses, que nous désirerions que ce corps électoral fût composé du nombre fixe de dix députés par département, au lieu que la législature est compo-

sée d'une manière variable qui résulte de la variation des ri-
chesses et de la population. Il y aurait aussi la différence de
830 à 745. Nous désirons encore qu'il leur soit donné un mandat
spécial pour la nomination du régent; et nous nous servons du
terme de mandat, ce qui établit une nouvelle différence, puisqu'il ne peut être donné aucun mandat aux membres du corps
législatif : ceux-ci sont les représentants de la nation, les membres de l'assemblée électorale ne seront que des mandataires.
Par ce mandat spécial, toute usurpation de pouvoir, de la part
de ces électeurs, serait annullée d'avance et deviendrait, pour
ainsi dire, impossible.

« Voici maintenant deux difficultés que nous avions à résoudre.
On conçoit que le gouvernement ne doit pas être paralysé soit
par la maladie, soit par toute autre circonstance qui empêche-
rait le régent de remplir sur-le-champ ses fonctions, difficulté
qui subsistera aussi toutes les fois qu'il n'y aura pas de suppléant
à la royauté, par les longueurs de l'élection. On ne voit d'autres agents que les ministres qui puissent remplir momentanément les fonctions nécessaires pour donner la vie au gouvernement. Nous proposons que ce soient les ministres qui, sans
cesser d'être responsables, se réunissent en conseil pour délibérer sur les actes qui excéderont les détails d'expéditions
journalières confiées à chaque département ministériel...

« La deuxième difficulté se présenterait dans le cas où, à raison de la minorité d'âge du parent appelé à la régence, elle aurait été déférée par élection ou dévolue à un parent plus éloigné.
Le parent exclu par le défaut d'âge restera-t-il exclu lorsqu'il
aura attent la majorité? Nous vous proposons de lui rendre tous
les droits qu'il aurait exercés s'il avait été majeur à la mort du
roi. Nous nous fondons sur ce principe que la minorité ne fait
que suspendre l'exercice des droits. Ce principe est nécessaire à
exprimer pour prévenir les troubles qui proviendraient du sentiment trop vif d'une aussi grande privation.... Il pourrait arri-
ver aussi qu'un roi mineur mourût sans laisser de parent appelé
de droit au trône. En ce cas, le régent sera-t-il élu à la royauté?
Cette question n'est pas un problème en principe; il est évident

que le régent n'a pas été élu à la royauté; d'ailleurs l'élection ne lui a confié que des fonctions temporaires et personnelles; il n'y a eu aucune délégation en faveur de sa famille ni de ses descendants. Quoique ces principes soient simples et naturels, il est utile de les exprimer pour prévenir l'abus que pourrait faire un régent de l'influence qu'il se serait acquise dans l'exercice de ses fonctions....

« Les fonctions du régent doivent aussi être positivement déterminées. C'est pour l'intérêt général qu'il doit être autorisé à exercer toutes les fonctions de la royauté, afin que jamais l'action du gouvernement ne soit interrompue. Il faut aussi qu'il ne soit pas, plus que le roi, responsable, puisque la liberté publique repose sur d'autres fondements que sur cette responsabilité qui, d'ailleurs, aurait des inconvénients. Nous avons eu à examiner s'il convenait d'établir un conseil de régence; nous pensons qu'il ne faut point de cette division de pouvoir inventée par l'ambition des cours, dans ces temps malheureux où l'on usurpait tous les droits de la nation pour se les partager ensuite. Il est aisé de sentir tous les inconvénients qui résulteraient de ces conventions où les passions particulières seraient en jeu, et par lesquels l'administration serait entravée plutôt que perfectionnée. Le conseil de régence servirait-il à veiller sur les actions du régent? Mais aucun des actes du régent ne sera exécutoire sans la signature d'un ministre responsable. Par ce conseil, vous détruiriez cette responsabilité du ministre.

« N'est-il pas plus simple, plus conforme aux lois constitutionnelles, que les fonctions de la royauté soient les mêmes entre les mains du roi et entre les mains du régent; que la sûreté, la liberté publiques reposent toujours sur les mêmes bases? C'est d'après un principe semblable que le comité a pensé que les lettres-patentes, les notes qui émaneraient de l'autorité royale exercée par le régent ne devaient pas être intitulées au nom du roi, mais de la part du régent au nom du roi ; formule seule conforme à la vérité du fait et à la convenance; formule qui sauve l'inconvénient de faire parler au peuple un roi enfant incapable de comprendre la nature des actes, ou même d'en balbutier le contenu. La royauté est une magistrature trop respectable pour avoir besoin de ces dehors mensongers. Elles sont évanouies les considérations frivoles par lesquelles le despotisme cherchait à substituer l'illusion à la raison et s'étayait du charlatanisme de ces formes hypocrites et adulatoires....

« Il ne reste plus, pour compléter cette matière, qu'à examiner la question de la majorité. Le comité vous propose un terme moyen entre la majorité civile et l'ancienne époque de la majorité des rois. En la fixant à quatorze ans, on avait tout sacrifié à la nécessité, au besoin d'avoir un roi majeur pour éviter les troubles qui existaient pendant la régence. Mais dans le nouveau gouvernement ces inconvénients sont moins à craindre et ne peuvent plus faire le motif d'une loi en elle-même dangereuse. Quand le corps législatif permanent, quand des administrateurs citoyens, quand la nation elle-même organisée en force publique intérieure, pourront s'opposer aux usurpations d'un régent, alors la régence sera moins à craindre. Nous avons donc choisi pour l'époque de la majorité du roi l'âge de dix-huit ans accomplis.

« Je finis en faisant observer que nous avons cru devoir établir une distinction entre la régence et la garde du roi; car la différence est la même que celle qui existe entre la régence et la tutelle. Le régent ne doit point être partagé entre les soins de la suppléance du gouvernement, la vigilance domestique et l'éducation d'un roi mineur. Nous vous proposons de déclarer que ces fonctions sont incompatibles.... Tel est la base du travail qui trouvera son développement dans la discussion successive des articles que je vais vous lire :

De la régence du royaume.

Art. 1ᵉʳ. Au commencement de chaque règne, le corps législatif, s'il n'était pas réuni, sera tenu de s'assembler sans délai.

2. Si le roi est mineur, il y aura un régent du royaume.

3. La régence appartiendra de plein droit, pendant tout le temps de la minorité du roi à son parent majeur le plus proche par les mâles, et en cas de parité de dégré, à l'aîné.

4. Aucun parent du roi, n'ayant les qualités ci-dessus, ne pourra cependant être régent s'il n'est pas Français et régnicole, ou s'il est héritier présomptif d'une autre couronne.

5. Les femmes sont exclues de la régence.

6. Si un roi mineur n'avait aucuns parents réunissant les qualités ci-devant exprimées, le régent sera élu ainsi qu'il va être dit aux articles suivants.

7. Les citoyens actifs, convoqués en assemblées primaires, nommeront des électeurs conformément au vingt premiers articles de la section première du décret du 22 décembre 1789.

8. Les assemblées primaires seront convoquées d'après une proclamation du corps législatif, s'il est réuni, et s'il était séparé, le ministre de la justice sera tenu de faire cette proclamation dans la première semaine du nouveau règne.

9. Les électeurs nommés par les assemblées primaires de chaque département se réuniront en une seule assemblée et nommeront, au scrutin individuel et à la majorité absolue des suffrages, des citoyens éligibles à l'assemblée nationale.

10. Les dix citoyens nommés en chaque département seront tenus de se rassembler dans la ville où le corps législatif aura tenu sa dernière séance, le cinquantième jour au plus tard, à partir de celui de l'avénement du roi mineur au trône, et ils y formeront le corps électoral qui procédera à la nomination du régent.

11. L'élection du régent sera faite au scrutin individuel et à la majorité absolue des suffrages.

12. Le corps électoral ne pourra s'occuper que de l'élection ; il se séparera aussitôt qu'elle sera terminée.

13. Si, par quelque cause que ce soit, le régent ne pouvait pas commencer sur-le-champ l'exercice de ses fonctions, ou si, aux termes de l'article 6 ci-dessus, la régence devenait élective, les ministres pourront faire provisoirement, sous leur res-

ponsabilité, les actes du pouvoir exécutif qui seront nécessaires à la suite de l'administration du royaume.

14. A cet effet les ministres seront tenus de se réunir en conseil pour délibérer sur tous les actes qui excéderont les détails d'expédition journalière confiés à chaque département ministériel. Ils tiendront registre de ces délibérations, qui seront signées par tous ceux dont les suffrages auront concouru à les former.

15. Si, à raison de la minorité d'âge du parent appelé à la régence, elle avait été déférée par élection ou dévolue à un parent plus éloigné, celui qui n'avait été exclu d'abord que par son défaut d'âge, deviendra régent aussitôt qu'il aura atteint sa majorité ; à cette époque, le régent élu, ou le moins proche en degré de parenté, cessera ses fonctions.

16. Le régent sera tenu de prêter à la nation, entre les mains du corps législatif, le serment d'employer tout le pouvoir délégué au roi par la loi constitutionnelle de l'État, et dont l'exercice lui est confié pendant la minorité du roi, tant à maintenir la constitution, etc., qu'à faire exécuter les lois.

17. Le régent exercera toutes les fonctions de la royauté, en se conformant aux règles établies par la constitution, et il ne sera pas responsable personnellement de ses actes relatifs à l'administration du royaume.

18. Les lois, proclamations et autres actes du gouvernement, émanés de l'autorité royale pendant la régence, seront conçus ainsi qu'il suit :

N. (le nom du régent), régent du royaume au nom de N... (le nom du roi), etc.

19. Le roi parvenu à l'âge de quatorze ans accomplis, assistera au conseil sans y avoir voix délibérative.

20. Le roi sera majeur à l'âge de dix-huit ans accomplis ; de ce jour la régence cessera de plein droit, et les lois, proclamations et autres actes du gouvernement ne seront plus intitulés du nom du régent.

21. Aussitôt que le roi sera devenu majeur, il annoncera par une proclamation publique dans tous le royaume, qu'il a at-

2

teint sa majorité, et qu'il est entré en exercice des fonctions de la royauté. »

Tel fut le projet du comité de constitution présenté par Thouret.

Cazalès demande qu'on fasse le rapport sur la garde du roi mineur. « Il y a, dit-il, une grande connexité entre ces deux questions, et beaucoup de personnes dans cette assemblée pensent comme moi que la régence et l'éducation du roi mineur doivent être confiées à deux personnes différentes. »

Mirabeau se dit en dissentiment avec Cazalès qui, selon lui, a tort de croire que l'on peut déclarer que le régent ne peut, en aucun temps, être chargé de la garde du roi. Le régent étant l'instrument de la royauté, a la surveillance universelle.

On demande l'ajournement, l'abbé Maury l'appuie quoique prêt à soutenir la discussion qui est ordonnée.

Barnave, après avoir critiqué l'art. 15 qui parle de l'exclusion du régent élu lorsque le parent du mineur a atteint sa majorité dont l'âge n'est pas fixé, et fait sentir l'inconvénient de remplacer un droit temporaire par un autre, dans un moment où l'intérêt personnel, le regret de la puissance, la préférence du peuple même lutteraient contre la loi de l'État, Barnave s'élève avec force contre le système d'élection proposé.

« Voici, dit-il, des dangers d'un ordre supérieur. Personne n'ignore que les régences sont des moments d'orages, de guerres civiles, que ces instants amènent des efforts pour opérer le changement du gouvernement. Le comité donne de la probabilité à ces efforts en faisant élire le régent par huit cent trente personnes choisies *ad hoc*. Cette élection agiterait le peuple, le mettrait en mouvement dans un moment d'une crise politique et morale ; on pourrait se faire donner des mandats qui auraient pour objet le changement de gouvernement. Je sais bien que le peuple a le droit de le changer ; mais je sais aussi qu'il serait imprudent d'agir sur un mode quelconque qui donnât une tendance à former une demande de cette nature, qui serait suggérée non par la nécessité, par le besoin du peuple, mais par des intrigues. A la fin d'un règne, dans un moment où le ressort du gouvernement se relâche, huit cent trente hommes réunis pour exercer un droit important, pour déléguer le pouvoir suprême, ne peuvent-ils pas être l'objet de spéculation et de projets ambitieux, et ne renfermeraient-ils pas le germe de la possibilité d'une guerre civile qui partagerait les départements du royaume ? »

Barnave conclut à ce que l'élection soit faite par le corps législatif.

Ce ne serait pas, selon nous, remédier aux inconvénients qu'il a signalés. Le corps législatif, produit, d'après notre système, d'électeurs privilégiés, ne peut-il pas être *l'objet de spéculation et de projets ambitieux ?*

L'abbé Maury : « Les Anglais sont le premier peuple de l'Europe qui ait raisonné les principes du gouvernement ; il m'a donc paru important de connaître ce qu'un peuple si éclairé a pensé de la régence. Les auteurs anglais m'ont appris qu'aux yeux de la loi le roi n'est jamais mineur. C'est en vertu de ce principe que Blackstone dit que le choix du régent est réservé à la nation. Il n'y a donc en Angleterre aucune loi sur la régence. Les dispositions du comité relatives à la manière de conférer la régence et au mode de l'élection ne sont pas conformes à mon opinion. M. Barnave a développé des raisons contre la régence élective ; il y en aura bien davantage à opposer à la partie qui confère la régence. Le comité a supposé la majorité du roi à dix-huit ans ; il a commis une grande erreur en appelant le roi à quatorze ans au conseil avec voix consultative. Personne ne peut avoir la voix délibérative devant le roi.

« L'article 4 porte qu'aucun parent du roi ne pourra être régent, s'il n'est pas français et régnicole, ou s'il est héritier présomptif d'une autre couronne. Il faut examiner avec une grande rigueur les mots de la loi. Le comité a voulu éloigner la branche d'Espagne, et nous sommes tous d'accord à cet égard ; mais l'article est mal rédigé : il exclurait le premier prince du sang s'il n'était pas né en France. Nous avons eu deux rois nés hors du royaume ; il faut donc que le comité s'énonce d'une manière plus claire. Mais la véritable question que présente le projet de décret, c'est l'exclusion prononcée à jamais contre les mères de nos rois. Nous n'avons aucune loi sur la régence, que le comité a envisagée d'une manière bien légère, puisqu'il n'a pas vu qu'il y a quatre différentes causes de régence : la minorité, l'absence, la captivité et l'aliénation d'esprit. Les états-généraux de Tours et d'Orléans délibérèrent sur la régence de Charles VII et de Henri II. Nos pères ne voulurent pas lier le vœu national par une loi ; ils pensèrent que, si l'intérêt de l'État était que le trône fût héréditaire, il pouvait être aussi que la régence fût élective. Cette question nous intéresse d'autant plus qu'il y a eu, en France, au moins une régence de minorité dans chaque siècle. Il est de principe que le roi, n'eût-il qu'un seul jour, est réputé majeur quant à la justice qui se rend en son nom ; mais quant au gouvernement de l'État, il n'est réputé majeur qu'à quatorze ans, suivant l'ordonnance de Charles V.

« Notre constitution rendra la régence moins importante et son époque moins dangereuse. Si vous vouliez faire une loi constitutionnelle, vous seriez obligés de statuer sur toutes les espèces de régences et sur un grand nombre d'hypothèses différentes. La prévoyance de la loi doit résoudre toutes ces difficultés ; peut-être vaudrait-il mieux ne pas rendre la régence indépendante de l'assemblée nationale, conserver au peuple le bénéfice des circonstances, et engager les personnes que la naissance approche du trône à mériter l'amour et la confiance de la nation. (On applaudit.) Je ne saurais apercevoir aucun danger dans cette sage indécision de la loi. Le seul intérêt de l'État est que le peuple n'ignore pas un seul instant entre les mains de qui sont les rênes du gouvernement. Le corps législatif peut s'assembler et confier, jusqu'à l'élection du régent, l'administration à un conseil de minorité auquel les ordonnances appellent les mères et les parents majeurs des rois. Ainsi le pouvoir exécutif ne sera jamais absent dans le royaume. (Il s'élève quelques murmures.) Il serait dangereux, sans doute, de déférer pour toujours la régence aux mères des rois ; mais serait-il juste de les en exclure à jamais ? Quoique quelques particuliers aient été régents, l'usage est en faveur des mères des rois ; notre histoire nous présente vingt-quatre princesses qui ont été régentes, savoir : une belle-mère, deux aïeules et vingt et une mères de rois. Ce suffrage de l'histoire et le silence de la loi et de la nation méritent des égards. La loi salique, qui aurait épargné à l'Angleterre trois cents ans de guerres civiles si elle l'eût adoptée, consacrée par les états-généraux de 1316 et de 1328, n'a jamais été appliquée aux régences. C'est précisément parce que les mères des rois étaient écartées du trône, que la nation, rassurée par cette exhérédation même, leur a conservé l'exercice de la régence. Le cœur d'une mère est le plus beau sanctuaire de la nature; les mères n'ont pas d'autre intérêt que celui de l'héritier du trône; elles ne cherchent point à envahir, elles ne cherchent qu'à conserver pour leur fils. Un exemple assez récent prouve que les mères de nos rois se sont identifiées avec le trône, et que, reines par leurs époux, elles sont devenues françaises par leurs enfants. On sait avec quelle constance Anne d'Autriche, mère de Louis XIV, continua la guerre commencée contre les Espagnols. Les droits de la nature se réunissent donc à l'intérêt de la nation pour conserver aux mères la garde de leurs enfants.

« Le partage de la tutelle et de la régence serait éminemment dangereux; la loi salique, les lois ripuaires, gombettes, etc., ont toujours conservé aux mères la tutelle de leurs enfants. Sans doute la maison militaire appartient à la tutelle; il faut donc joindre la tutelle à la régence, sinon le pouvoir exécutif est partagé. Deux puissances dans l'État sont incompatibles; l'autorité royale doit être toujours une, comme le trône est indivisible. Lorsque la lieutenance-générale du royaume a été séparée de la régence, n'est-il pas toujours résulté de cette séparation des commotions violentes et des troubles funestes? Qu'on ne croie pas que la reine, réduite à la garde du roi, soit sans crédit : l'influence des conseils maternels est incalculable. Toute la cour serait bientôt divisée en factions; l'intérêt personnel éloignerait du régent dont la faveur serait d'avance un signe de proscription; le roi mineur dominerait le régent lui-même. On n'a pas oublié que Louis XV pleura la disgrâce de Villeroi, son gouverneur, et que, si on n'avait trouvé le vertueux évêque de Fréjus, il aurait bien fallu que le régent, ainsi que toute la cour, obéît aux larmes de son roi. Je ne conclus pas cependant à ce que la régence soit déférée à la mère du roi ; la loi de l'État et l'intérêt de la nation nous défendent de rien statuer à cet égard. Cette question dépend de tant de circonstances qu'il est impossible, qu'il serait peut-être impolitique de prévoir, qu'il est nécessaire de réserver au peuple la liberté la plus étendue. Je pense donc que la régence doit être irrévocablement fixée par le corps législatif, et je propose ce projet de décret :

« L'assemblée nationale décrète que, immédiatement après la « mort du roi, les représentants de la nation, convoqués de plein « droit par la constitution , s'assembleront dans la ville où le roi « sera mort, et disposerout pleinement et irrévocablement de la « régence. Dans l'intervalle qui s'écoulera entre la mort du roi et « le moment où les représentants de la nation auront statué, l'au- « torité royale sera exercée par un conseil de minorité , composé « de la mère du roi, des princes du sang majeurs et des ministres « d'État en place à l'époque de la vacance du trône. »

Un journal ministériel, *la Presse*, attaque un de ses confrères de l'opposition sur ce qu'il prétend que l'abbé Maury aurait parlé en faveur de la reine-mère pour la régence, tandis que la conclusion de son discours était pour l'élection. L'un n'empêche pas l'autre, on voit cela tous les jours. Ces journaux ont raison tous les deux. Pour ceux qui ont lu ce discours, la chose est évidente. Que signifient ces récriminations sur des faits qu'il est si facile de vérifier?

Ce n'était pas l'élection par la nation que l'abbé Maury voulait, puisqu'il l'offre au corps législatif, mis en regard d'un conseil de minorité, dans lequel le corps législatif aurait nécessairement choisi le régent ; c'était bien dire qu'il ne voulait pas d'un homme pris en dehors de la famille royale. Son discours fait assez comprendre qu'il penchait pour la mère du roi mineur ; mais comme la reine-mère se trouvait être Marie-Antoinette qui n'était pas aimée, il n'osa pas se prononcer.

Faites donc une constitution invariable et à toujours. Ne voilà-t-il pas l'abbé Maury qui s'imagine que le roi mourra infailliblement dans une ville et qu'il ne doit mourir que là. C'était peut-être bon à cette époque où le roi avait une résidence désignée d'où il ne lui était pas permis de sortir, mais pouvait-il en être toujours ainsi ?

Mirabeau veut qu'on se prononce sur la question de savoir si la régence sera héréditaire ou élective, parce qu'il demandera la parole pour examiner si la régence doit être élective et s'il y a de bonnes raisons pour prendre un régent des mains du hasard.

Barnave : « Je ne m'oppose pas à ce que la question soit ainsi posée, mais je demande à jeter en avant quelques observations. Les devoirs et les prérogatives de la régence étant les mêmes que ceux de la royauté, établir un mode différent pour la régence que pour la royauté, c'est changer l'unité et la nature de notre gouvernement. Tout choix qui porte un citoyen au plus haut degré d'honneur et de pouvoir est l'occasion d'une crise plus ou moins violente, d'une commotion plus ou moins étendue. Mais ce n'est pas seulement pour la stabilité du gouvernement, c'est pour l'intérêt de la liberté que la royauté est héréditaire. Chacun sait que les hommes sont disposés à réunir leur aveuglement, leur confiance, leurs affections, leur dévouement sur un individu ; qu'un seul, supérieur à tous, n'ombrage et ne nuit à personne. Celui qui réunirait au prestige de la royauté, à toute la puissance qu'elle confère, l'avantage d'avoir été appelé à la régence par le choix du peuple, d'être pour ainsi dire l'enfant politique de la nation, aurait entre ses mains tous les moyens d'anéantir la liberté publique. La régence élective a donc, sous ce point de vue, des inconvénients plus grands encore que la royauté élective. Elle tendrait à changer la nature du gouvernement, car un régent aurait plus de puissance par la confiance qui l'aurait fait élire qu'un roi qui ne tiendrait ses droits que de la loi et de la naissance. La régence ne serait qu'un passage à l'usurpation et à l'établissement de la royauté élective.

« L'héritier présomptif, arrivé à dix-huit ans, aurait-il assez de moyens pour obliger un régent, l'idole du peuple, à lui rendre les rênes de l'État ? On ne doit point oublier l'exemple que

Cromwel a donné à l'Europe. On doit prévoir, on doit redouter l'existence d'hommes qui, ajoutant, comme lui, à de grands talents une immense faveur publique, pourraient entraîner la France dans les malheurs dont le nom de Cromwel réveille le souvenir. Non, vous ne rendrez point un décret qui tendrait à l'anarchie, à la tyrannie et qui renfermerait le germe d'une révolution à chaque règne et de l'échec absolu de la chose publique.

« Dans les orages où nous avons vécu depuis deux ans, dans ces crises violentes qui ont environné le berceau de la liberté, si deux ou trois hommes s'étaient fait nommer régents, avaient obtenu une royauté momentanée, s'ils eussent eu les talents et le courage qui arrachent à une nation tout entière une confiance sans borne, n'auraient-ils pas eu assez de force pour essayer de rendre la royauté éligible et pour influer avec succès sur la nation et ses représentants? »

Mirabeau : « Pour ce qui est de la crise dont on vous a fait un effrayant tableau en cas d'élection, je réponds qu'elle existe pour toutes les régences, pour toutes les minorités ; c'est toujours une grande crise politique que la vacance du trône, que la minorité d'un prince, mais on ne peut l'éviter, et elle est peu redoutable dans un gouvernement bien constitué.

« J'arrive à une autre objection qui me paraît mériter d'être scrutée dans tous ses détails, parce qu'elle est raisonnable et même forte sous certains rapports. Sans doute un régent électif obtiendrait plus de faveur qu'un régent héréditaire, parce que le choix de la réflexion et de la confiance donne et doit donner plus de crédit que celui du hasard ; mais elle ne tire nulle force des exemples récents qu'a cités le préopinant. Dans les secousses morales et politiques que nous avons éprouvées depuis deux ans, deux, trois ou dix hommes, s'ils avaient formé les projets qu'on suppose, en cas de succès, n'en auraient été qu'un peu plus vite, un peu plus sûrement à la potence. Puisqu'on a cité Cromwel, je rappellerai un mot de cet homme qui connaissait si bien les choses et les hommes, puisqu'il en avait tiré un si grand parti et qu'il leur avait imprimé une direction si puissante. Il passait avec Lambert, son fidèle compagnon; les applaudissements, les cris de joie, les bravos retentissaient autour d'eux. Lambert était enthousiasmé de ces acclamations. Cromwel, ce grand scrutateur du cœur humain, pour dégriser son ami, lui dit : *On nous applaudirait bien davantage si nous allions à l'échafaud.* »

Les articles 1 et 2 furent votés dans cette séance.

Séance du 23 mars.

Pétion : « Les arguments qu'on peut faire contre l'élection se réduisent à deux points principaux : 1° l'élection donnera lieu à des intrigues et à des cabales; 2° elle occasionnera des troubles et des convulsions. Avec ce défaut attaché à toutes les élections, il faut convenir que ce mode est infiniment préférable à ces nominations abandonnées à des manœuvres bien autrement perfides ou à un hasard toujours aveugle.

« Quant à ces inconvénients de troubles dont les élections doivent, dit-on, agiter l'empire, je ne m'en laisse pas facilement effrayer. Il ne faut pas se laisser imposer par l'exemple des régences qui ont eu lieu dans les temps du despotisme. Il ne faut pas non plus que notre position nous aveugle. Nous sommes dans un moment d'effervescence, mais le calme renaîtra; quelques années encore et nous aurons à craindre que la nation ne tombe dans une trompeuse léthargie. N'avons-nous pas sommeillé pendant des siècles dans le despotisme? Il est une agitation nécessaire dans les corps politiques comme dans tous les autres; c'est elle qui donne le mouvement et la vie. L'édifice que nous avons élevé sera-t-il donc si fragile qu'un souffle puisse le détruire? Le corps législatif ne veillera-t-il pas sans cesse à sa conservation? La constitution de l'Angleterre a-t-elle été ébranlée parce que les régences n'y sont pas héréditaires? Que voulez-vous que fasse un régent électif que ne puisse faire également un régent héréditaire? Calculez toutes les perfidies, les chances sont égales. Si j'avais à redouter un de ces deux hommes, le régent héréditaire serait celui qui exciterait le plus ma défiance. Touchant de plus près au trône, habitué à le regarder comme un patrimoine, il serait naturellement enclin à agrandir un pouvoir qu'il regarderait comme le sien propre.

« Voici maintenant quelques avantages de l'élection ; ils ne sont pas à dédaigner. Par là vous maintenez les héritiers du trône dans des dispositions favorables pour la liberté ; ils ont sans cesse devant les yeux le choix que la nation pourra faire de leurs personnes ; ils ambitionneront cet honorable suffrage ; ils s'étudieront à le mériter, et vous entretenez ainsi entre tous les membres de la dynastie une crainte salutaire, une noble émulation, enfin vous en faites des citoyens. L'élection d'une place aussi éminente rappellera de distance en distance au peuple quelle est l'étendue de sa puissance. Il est bon qu'il ait sans cesse cette idée devant lui, elle n'est que trop prompte à s'effacer. Rousseau disait, que le peuple anglais n'était libre qu'au moment de ses élections. Cette fâcheuse vérité s'applique plus ou moins à tous les gouvernements représentatifs. Gardons-nous donc bien de priver la nation française du droit de nommer à la régence. »

CLERMONT-TONNERRE : « Vous avez cru devoir discuter isolément la question de l'élection et de l'hérédité de la régence. J'avoue qu'après avoir attentivement considéré cet objet sous les points de vue divers, je me décide pour l'hérédité ; mais je n'en éprouve pas moins le désir et le besoin d'être affermi dans mon opinion par une discussion approfondie ; et depuis que, dans cette tribune, je vous dis ce que je crois la vérité, il ne s'est pas encore présenté une discussion que j'aie abordée avec plus de méfiance de moi-même et de crainte de m'égarer. Plusieurs idées séduisantes environnent celle de l'élection au premier coup d'œil. Le premier vœu de la raison, le sentiment de sa propre dignité, tout semble dire à l'homme qu'il n'appartient à son semblable de lui commander que lorsqu'il a reçu cette mission de son choix, et que par ce moyen la puissance de celui qui ordonne s'attache immédiatement à la liberté même de celui qui veut bien obéir. Il a fallu plusieurs siècles pour détacher l'homme de ces idées simples, mais inapplicables à de grands empires ; il a souvent payé bien cher cette leçon de l'expérience. Il semble que si, d'une part, la puissance des grands corps politiques, le magnifique développement de leurs moyens, les ré sultats immenses et magiques, pour ainsi dire, d'une grande organisation sociale, peuvent inspirer à l'homme un orgueil que la raison justifie, la nature, d'un autre côté, ait voulu le ramener à des sentiments plus vrais et plus modestes, en lui apprenant à chaque pas que l'exercice de ses droits reçoit de fortes entraves dans ce brillant état de choses, que sa grandeur politique se paie trop souvent par la liberté civile, et les prospérités publiques par des sacrifices particuliers.

« Quoi qu'il en soit, il est aujourd'hui démontré que l'application des principes vrais souffre un déchet considérable dans l'organisation d'une société nombreuse. C'est ainsi que ce droit de citoyen, qui, en principe, appartient évidemment à tous les Français, a été restreint par vous-mêmes au petit nombre de ceux dont la propriété vous a paru présenter au corps social une sorte de garantie. C'est ainsi que, du moment où vous avez eu raison de le vouloir, ou vous avez voulu, dis-je, concentrer dans un individu tout le pouvoir exécutif, vous avez dû, par une heureuse fiction, supposer entre sa volonté et la volonté nationale une conformité constante, environner sa personne de l'inviolabilité, et écarter toute concurrence au trône en en déclarant l'éternelle hérédité. Si la raison bien consultée vous a conduits à ces résultats, il n'est pas moins vrai que la question de la régence présente une nouvelle hypothèse, une sorte de royauté intermédiaire et momentanée.

« On éprouve le besoin d'examiner de nouveau si la nécessité commande encore des sacrifices, ou s'il ne serait pas possible que le peuple, dans cette circonstance, ressaisît sans inconvénient le droit qui lui appartient. Pour résoudre cette question il faut sans doute examiner ce que la liberté publique et la loi constitutive peuvent craindre d'un régent élu. On peut penser peut-être, avec M. Mirabeau, que ce n'est pas dans la circonstance du jour et dans les annales d'un peuple non encore constitué qu'il faut chercher la base des calculs applicables à un peuple jouissant d'une constitution, attaché à sa constitution, né dans sa constitution, et défendu par elle contre les usurpateurs de tous les genres.

« C'est peut-être dire anathème à une nation, c'est peut-être la déclarer indigne de la liberté, que de supposer un instant qu'il suffira d'être dépositaire de la force publique pour pouvoir renverser les lois. On peut encore regarder le corps législatif comme une barrière suffisante.

« On pourrait peut-être dire avec quelque apparence de raison : Si votre constitution est telle que la liberté y soit défendue contre le trône, elle est certainement telle que le trône sera défendu contre la puissance d'un régent; et si vous reconnaissez l'impuissance de votre constitution contre l'usurpation d'un régent élu, de là on pourrait vous dire encore : Ce n'est pas cette élection qu'il faut éviter, c'est votre constitution qu'il faut refaire, car elle est évidemment insuffisante.

« Mais si le régent élu peut ne pas paraître dangereux pour le trône, comment nous rassurera-t-on contre l'effet des secousses politiques qui précéderaient ou accompagneraient son élection? Il m'est impossible de ne pas considérer avec effroi l'abîme de maux qui naîtraient tous de cette institution imprudente. Je n'y vois aucun avantage qui puisse jamais en compenser le danger.

« Je considère que, d'après votre constitution, les devoirs du monarque sont tellement tracés, ses droits tellement circonscrits, la responsabilité de ses ministres tellement établie, que la faible différence en bien que l'on peut attendre raisonnablement des qualités personnelles d'un homme élu pour exercer ses pouvoirs, pendant un temps borné, ne dédommagera jamais une nation des maux inséparables d'une grande secousse politique.

« Une autre considération, tirée du caractère français, vient encore fortifier mes craintes. La couronne étant constitutivement héréditaire parmi nous, j'avoue que je ne verrais pas sans inquiétude attacher la forme élective à la dignité qui la représente immédiatement, et que je craindrais qu'une ou deux expériences heureuses n'égarassent successivement l'opinion publique, et menassent une convention nationale à vouloir dénaturer la monarchie. Cette crainte peut n'être que chimérique; mais ce qui est réel, mais ce qui ne peut être évité par aucun moyen, c'est la grande calamité d'une convulsion à chaque élection de régent; et conduit par cette seule idée, par la terreur qu'elle inspire à tout bon citoyen, par l'impossibilité d'opposer aucune barrière à cette crise, je me reporte vers le système de l'hérédité; mais avant de l'adopter absolument, j'examine les difficultés qui l'accompagnent. Si je pense, comme votre comité, que la régence doive appartenir à l'héritier présomptif, je sens, d'une part, la nécessité absolue de ne pas confier à sa garde la personne du roi, dont la vie seule le sépare de la couronne, et, de l'autre, j'aperçois un double écueil : celui de rendre cette garde vraiment illusoire, en n'environnant pas celui qui en sera chargé d'une force suffisante pour résister à l'influence du régent, ou bien d'atténuer le pouvoir exécutif, de l'annuler, pour ainsi dire, en plaçant à côté de lui une autre puissance indépendante, souvent rivale, et presque toujours fortifiée de toutes les espérances que la majorité doit réaliser.

« Ces inconvénients sont majeurs; ils demandent que vous les preniez en considération dans votre sagesse. Si vous donnez au régent la garde de la personne du roi, vous n'avez plus que sa moralité individuelle pour barrière à son ambition; si vous donnez à un autre la garde de la personne du roi, cet autre sera ou trop faible pour résister au régent, ou trop fort pour ne pas embarrasser la marche du gouvernement. Ces dangers, inévitables dans le système qui donne la régence à l'héritier présomptif, ne nous ramèneraient-ils pas à poser ainsi la question ? Trouver un mode d'hérédité dans lequel le régent indiqué par la loi ne puisse évidemment avoir d'autres vues, d'autres intérêts, que la conservation du roi et la prospérité du royaume. — Au premier coup d'œil, le problème ainsi posé ne paraît pouvoir être résolu complètement qu'en écoutant exclusivement la voix de la nature, et en accordant la régence à la reine-mère; mais je sais qu'il s'élève contre cette idée des objections très-pressantes. La loi salique, qui exclut les femmes du trône, paraît aussi leur défendre en quelque sorte de s'y asseoir momentanément. De plus, une longue expérience nous a appris combien de maux, combien d'injustices, combien de faiblesses accompagnent ordinairement cette espèce de domination.

« Frappé de ces inconvénients qui environnent le système de votre comité, j'ai pensé qu'il existait un mode sur lequel j'ai cru devoir porter un instant votre attention. J'ai pensé que vous éviteriez plusieurs écueils en cherchant parmi les princes plus éloignés du trône que l'héritier présomptif, celui auquel vous déférerez la régence. Si la nature ne lui commande pas aussi impérieusement qu'à la reine-mère de veiller à la conservation du roi, du moins aucun intérêt ne paraît le lui défendre. Éloigné du trône par plus d'un degré, toutes ses vues se tourneraient vers l'estime publique ; il ne pourrait avoir d'ambition que celle d'honorer sa régence par un bon gouvernement. Il aurait en même temps à acquérir l'amour du peuple et la reconnaissance du roi. Son ambition serait contenue par cet héritier présomptif auquel vous l'auriez préféré. Toutes ses idées se porteraient nécessairement, par la nature même des choses, vers la gloire et la vertu. L'État n'aurait rien à craindre, il aurait tout à espérer d'une telle régence. Je crois qu'il est important de réfléchir à ce mode d'hérédité. Il est vrai qu'au premier coup d'œil ce système paraît intervertir l'ordre d'hérédité naturelle ; mais je ne sais pas si, relativement à la régence, un respect superstitieux pour cet ordre doit nous faire perdre de vue que cet ordre lui-même ne fut établi que pour l'intérêt du peuple, que ce n'est point pour le régent que la régence est créée, et qu'il faut préférer, dans la confection de la loi, le mode par lequel le régent désigné ne sera véritablement dangereux ni pour la liberté publique ni pour la stabilité de la forme de gouvernement....... Mais quelle que soit votre décision, à quelque ordre d'hérédité que vous vous arrêtiez, si j'aperçois des dangers, si je crains des inconvénients, aucun d'eux ne me paraît comparable aux maux attachés à la convulsion politique qui ne peut pas ne point accompagner l'élection absolue d'un régent....... Et ce ne serait pas seulement à l'époque de la mort du roi que l'orage prendrait naissance ; ce serait à chacune des circonstances qui rendraient une régence probable ; ce serait même dans les circonstances qui paraîtraient le moins certaines. A-t-on besoin de vous rappeler à quel point les probabilités se multiplient aux yeux de l'homme ambitieux? Une maladie, un voyage, la chance la plus éloignée souleverait toutes les passions des hommes qui aspireraient à l'élection. Ces passions, fortifiées de celles de tous les ambitieux subalternes qui s'attacheraient à chaque prétendant, couvriraient bientôt la surface de l'empire. Et cette crise renaîtrait à chaque époque, à chaque apparence de changement; et la vie d'un roi infirme serait une longue et dévorante anarchie. Cette perspective fait horreur; elle nous commande impérieusement le sacrifice du droit d'élection, et il n'est parmi vous personne qui ne doive dire et qui ne dise : J'aime la liberté, mais j'aime encore mieux ma patrie. Je conclus à l'hérédité. (On applaudit.) »

Nous donnons en entier le discours de Mirabeau, non-seulement parce qu'il passe en revue tous les sytèmes, excepté celui proposé en faveur de la reine-mère et dont il ne faisait aucun cas, mais encore parce qu'il termina la discussion sur cet article et décida la question.

Mirabeau : « J'ai dit hier dans cette assemblée que mon avis n'était pas formé sur la question qui vous occupe; cependant les feuilles du soir ont répété à l'envi que j'avais prêché la régence élective; mais qu'importent les feuilles du soir! marchons à la question. La régence sera-t-elle héréditaire ou élective, ou plutôt, car un régent ne succède à rien, ainsi l'expression régence héréditaire est impropre, la régence sera-t-elle fixée d'une manière invariable, ou déterminera-t-on seulement le mode qui doit former la régence? Telle est la véritable question dans laquelle je me suis aperçu, ainsi qu'en maintes occasions, que beaucoup d'hommes prenaient leur horizon pour les bornes du monde. Je vais chercher s'il n'est pas quelques aspects nouveaux sous lesquels on la peut considérer. S'il est vrai que dans toutes les hypothèses elle intéresse la sûreté de la monarchie et peut altérer la régularité du gouvernement; si un bon constitutionnaire ne doit pas voir que cette question n'a qu'une importance factice émanée de nos vieilles idées de l'ancien régime; que, enfin, il est assez indifférent qu'un régent soit bon ou mauvais, ce qui simplifierait beaucoup la question (il s'élève des murmures), il y a d'abord un grave aspect sous lequel la question n'a été ni vue, ni présentée. Plusieurs philosophes méditant sur la royauté ont considéré la monarchie héréditaire comme l'oblation d'une famille à la liberté publique, tout doit être libre dans l'État, excepté cette famille. Le gouffre de l'anarchie est creusé par l'ambition ou les factieux : Décius s'y précipite, le gouffre se referme; voilà l'emblème de la royauté dans cette théorie. »

« Le système de l'indivisibilité du privilége auquel tous sont appelés et qui sépare la famille entière de la nation, conduisait à soutenir que c'est à la famille à nommer le régent. Le droit du plus proche parent n'a lieu qu'à la mort du roi; alors il s'agit de le remplacer; au lieu que, dans le cas de la régence, il ne s'agit pas de remplacer le roi qui existe, quoique enfant, mais de remplacer la royauté, et ce cas est bien différent de l'autre. La royauté est à la famille, c'est à la famille à la faire exercer. Les grands mots ne changent rien à la nature des choses, et la régence après tout n'est qu'une tutelle. — *Second système.* On pourrait obliger chaque roi à nommer lui-même, pendant sa vie, aussitôt qu'il aurait un enfant mâle, ou même aussitôt que la reine serait enceinte, le régent : on préviendrait par là, en partie, les mouvements du hasard et ceux de l'élection, et l'opinion publique ferait appeler le plus digne. Notre histoire offre plusieurs exemples de régents désignés par les rois. Les rois ne disposaient de la régence que par testament; voilà le vice. C'est pendant leur vie qu'ils devraient y nommer. — *Troisième système.* Parmi les modes d'élections connus, on préviendrait une foule d'inconvénients, en admettant que le régent élu pourra être périodiquement conservé ou remplacé; car on n'élut que pour bien choisir.

« N'est-il donc aucun mode d'élection exempt d'inconvénients? les a-t-on tous épuisés? est-il bien sûr que la véritable élection du peuple soit sujette aux mêmes inconvénients que celle d'une poignée d'aristocrates? Et croit-on avoir fait une comparaison raisonnable, en assimilant, par exemple, les élections de la Pologne, de cette république où 100 mille gentilshommes, tous électeurs et éligibles, asservissent 5 ou 6 millions d'esclaves, à celles que l'on pourrait disposer et déterminer dans un empire couvert de 24 millions d'hommes libres, armés pour faire respecter leur volonté contre les factions intérieures et extérieures. Je pourrais citer cent autres modes, et encore traiter la question d'un conseil de la régence mis en parallèle d'un régent. Mais tout ceci n'est pas la question; considérons-là en soi, dans ses rapports avec la nation, avec le roi, avec la constitution. Le hasard donne les rois, et il y aurait bien des lieux communs plus ou moins ronflants à débiter ici. Faisons seulement deux observations un peu plus substantielles. Le hasard sera souvent tellement aveugle qu'on regrettera de ne pouvoir le corriger par l'élection. Je n'aurais qu'à supposer deux malheurs pour me faire entendre. Voudrions-nous avoir pour régent l'homme faible ou coupable ou trompé, qui serait alors appelé par la loi?

« Ce n'est pas tout, prenons garde que la régence peut être un règne de dix-neuf ans, c'est-à-dire un assez long règne; que lorsqu'un roi viendra à peine de naître, le parent le plus proche sera peut-être dans la vieillesse et dans un enfance non moins inactive que celle du roi, et qu'il est ridicule entre deux enfants de ne pas vouloir choisir un homme. La Providence donne des rois faibles, ignorants ou même méchants; mais si nous ayons un mauvais régent, c'est nous qui l'aurons voulu; voilà pour la nation. Voyons pour le roi, qui est l'homme de la nation et qu'ainsi elle doit doublement protéger. Veut-on consulter le passé, notre histoire future sera certainement moins orageuse que celle de notre ancienne monarchie où tous les pouvoirs étaient confondus. Cependant plusieurs circonstances semblables peuvent encore se reproduire. Or, dans combien de cas n'aurait-il pas été dangereux que le parent le plus proche de la couronne eût été le régent. Quand on n'examine pas cette question de fort près, on est d'abord frappé de cette idée : puisque le parent le plus proche pourrait être roi, pourquoi ne serait-il pas régent? Mais voici entre ces deux cas une différence bien sensible, un roi n'a d'autres rapports qu'avec le peuple et c'est par ces rapports seulement qu'il doit être jugé. Le régent au contraire,

quoi qu'il ne soit pas chargé de la garde du roi mineur, a mille
rapports avec lui et il peut être son ennemi, il peut avoir été
celui de son père. On a dit qu'un régent, soutenu de la faveur
populaire, qui l'aurait choisi, pourrait détrôner le roi. Prenez
garde que cette objection ne soit encore plus forte contre le parent le plus proche. Le premier ne pourrait réussir qu'en chan-
geant la forme du gouvernement; il aurait contre lui la saine
partie de la nation et tous les autres membres de la famille
royale. Le second, au contraire, pour régner même en vertu de
la loi, n'aurait qu'un crime obscur à faire commettre et n'aurait
plus à craindre de concurrents. Qu'importe que la garde du roi
ne lui soit pas confiée, a-t-il plus d'un pas à franchir?

« Mais voici d'autres objections tirées de la nature même de
notre constitution. La véritable théorie du gouvernement ne
conduit-elle pas à l'élection de la régence? Quand un roi est mineur, la royauté ne cesse pas; elle devient inactive; elle s'arrête comme une montre qui a perdu son mouvement. C'est à
l'auteur de la montre à lui redonner son mouvement. Plus on
creuse le système d'élection, et plus on le trouve conforme aux
véritables principes. Un régent n'est qu'un fonctionnaire public. Est-il dans l'esprit de notre nouvelle constitution que
toutes les fonctions publiques soient électives, hors la
royauté? Il est encore dans l'esprit de notre constitution que
l'égalité soit respectée partout où elle peut être. Or, l'é-
lection de la régence conserverait une espèce d'inégalité entre
les membres de la famille royale. D'un autre côté, un régent
n'est réellement autre chose qu'un premier ministre irrévocable
pendant un certain temps ; car, pendant la régence, tout se fait
au nom du roi : or, quand un roi mineur ne peut pas choisir son
ministre, à qui est-ce à le choisir si ce n'est au corps législatif?
L'ordre des idées conduit donc à ce résultat, et par conséquent
au système d'élection. Voilà les inconvénients du système ad-
verse. — Voici les avantages de la théorie des élections pour la
nation. Montesquiou a très-bien remarqué que dans cette époque
de notre histoire l'on élisait nos rois; mais dans la famille royale
la royauté n'avait pas cessé pour cela d'être héréditaire; une

pareille élection était plutôt un droit d'exclure qu'un droit d'é-
lire. Or, est-il avantageux pour la nation que dans certain cas
le corps législatif puisse exclure indirectement et puisse élire?
Il faut plus de talent à un régent qu'à un roi. Le premier im-
prime naturellement moins de respect, et c'est peut-être pour
cela que toutes les régences ont été orageuses. Or par l'élection
on aurait le moyen de confier provisoirement l'exercice de la
royauté au membre de la famille qui en serait le plus digne pour
le roi; on parviendrait par là à donner une grande leçon au roi
mineur, en lui présentant sous le nom d'un régent l'exemple
d'un bon roi; mais ceci devint encore un avantage immense
pour la nation, et puisque quelques règnes de bons princes
clair-semés dans l'espace des siècles ont préservé la terre des
derniers ravages du despotisme, que ne feraient pas pour l'amé-
lioration de l'espèce humaine quelques bonnes administrations
rapprochées les unes des autres?

« Ne serait-il pas aussi très-utile de montrer à cette famille,
placée en quelque sorte en dehors de la société, que son privilége n'est pas tellement immuable que son application ne dé-
pende quelquefois de la volonté nationale? Cette famille pourrait
même s'améliorer sous ce rapport, car chaque règne pouvant
offrir à chacun d'eux une royauté passagère, tous chercheraient
à s'y préparer, à s'en rendre dignes; tous ménageraient l'opinion
publique et apprendraient les devoirs des rois. Il me semble
que l'élection pour la régence rappellerait à certaines époques
la véritable source de la royauté, et il est bon que ni les rois ni
les peuples ne l'oublient.

« Le système de l'élection est donc convenable, messieurs, et
même très-plausible, très-favorable, avec quelque légéreté
qu'on l'ait traité dans un premier aperçu.

« Cette question, sous le point de vue électif, a un grand désa-
vantage d'être traitée pour nous et parmi nous. Assoupis et presque incorporés à la royauté héréditaire par la plus longue des ha-
bitudes, nous l'avons reconnue comme préexistente à la constitution, nous n'avons pas même tourné notre pensée à un mode
d'élection, parce que nous n'en avons pas besoin. Mais certes, de

ce que la solution de ce problème ne nous est pas nécessaire, il ne s'ensuit pas qu'il soit insoluble.

« Et pourquoi transporterait-on dans une institution qui n'entraînerait pas les inconvénients avoués des élections les inconvénients incontestables de l'hérédité?

« Mais, messieurs, il est temps de vous faire remarquer la source commune de toutes les erreurs sur cette matière, et notamment de l'importance exagérée que l'on attache aux diverses opinions qui vous ont été soumises; on voit toujours dans un roi, dans un régent ce qu'ils étaient. Celui-là, l'agent presque unique de tous les biens et de tous les maux d'une grande nation durant un long règne; celui-ci un roi absolu pendant plusieurs années. Rien de tout cela n'est plus; là où une constitution existe, la liberté publique est établie sur de bonnes lois et sur le respect de ces lois; un roi n'est plus que l'exécuteur suprême de ces lois, sans cesse réprimé comme protégé par elles, sans cesse surveillé comme soutenu par la multitude des bons citoyens qui font la force publique; là aussi un régent qui ne l'est que pour un nombre d'années déterminées n'est au fond qu'un ministre principal sous des formes plus augustes et plus relevées. Il y a bien là de quoi faire des intrigues sans doute; il en existe bien et il en existera toujours pour des places de commis de bureaux; mais il n'y a point de quoi nourrir des factions. Lorsqu'on fait sonner ce mot en pareille occasion, on pense aux Orléans, aux Condé sous Charles VII, aux Montmorency et aux Guise sous François II, et l'on ne pense pas que là où il n'y a plus de roi absolu un régent n'est plus un roi absolu.

« Alors tombent toutes ces objections de l'enfant de la faveur populaire qui, bientôt usurpateur de la royauté, rival heureux de toutes les autorités légitimes, va renverser en un moment toute la constitution, fouler aux pieds toutes les lois, et tout cela aux applaudissements de cette nation dont l'estime et la faveur l'ont porté à une place qui, comme toute autre, a ses limites, ses surveillants, ses envieux et ses ennemis. Tout cela est exagéré, tout cela est déraisonnable. Ce qui ne l'est pas, ce me semble, c'est que le choix du régent étant en soi assez in-

différent, il vaut mieux suivre la pente de nos goûts, de nos ha-
bitudes, et fixer le régent à l'avance et sous un mode invariable ;
et pour résumer en peu de mots les avantages que l'on vous y a
montrés : 1° que la délégation de la régence au parent le plus proche tient davantage aux idées reçues ; 2° qu'il serait peut-être
dangereux d'offrir le spectacle d'une régence élective à côté d'une
royauté héréditaire ; 3° que le parent le plus rapproché du trône
sera censé s'être mieux préparé à remplir les fonctions de la
royauté ; 4° qu'il sera plus intéressé à ne pas la laisser dégrader
qu'aucun autre membre de la famille, attendu qu'il sera plus
près de la recueillir. Il semble donc que le plan du comité peut
être adopté. (On murmure.)

On ne comprend réellement rien à de pareilles conclusions de
la part de Mirabeau ; il parle pour et il vote contre. Nous avons
beaucoup de nos députés qui peuvent se dire des Mirabeau par
similitude de vote [*].

Et cependant on remarque dans le discours de Mirabeau des
phrases, des systèmes et des objections qui auraient dû faire
sensation.

Au demeurant, Mirabeau, malgré ses contradictions, pourrait bien avoir raison. Qu'importe après tout qui soit régent, si
nous nous renfermons entièrement dans les conditions du gouvernement représentatif. Si nous maintenons cet axiôme, cet

---

[*] Je me rappelle que le mot de l'énigme me fut donné dans le temps par
mon compatriote, M. Grenier, membre de l'assemblée constituante. Je té-
moignais à ce bon vieillard mon étonnement sur le vote de Mirabeau, après
le discours contradictoire qu'il avait prononcé. « Vous paraissez surpris de
« cette conduite, me dit-il ; pour moi, rien ne m'a jamais étonné de la part
« de Mirabeau que j'ai beaucoup connu. Dans une tribune en face de celle
« où pérorait Mirabeau, il y avait un certain personnage qui faisait avec ses
« doigts des signes télégraphiques que l'orateur comprenait parfaitement. A
« chaque période en faveur de l'élection du régent par le peuple, les signes
« devenaient plus nombreux. Enfin, au terme de son discours, au moment
« où il allait conclure, ils devinrent si précipités que Mirabeau resta court.
« Ce moment de silence parut être celui d'une réflexion profonde, tandis
« que ce n'était que le témoignage de la honte qui s'était emparée de son
« âme ; il se hâta de jeter ses conclusions en quatre points auxquelles on

aphorisme d'un vérilable constitutionnel : *Le roi règne et ne gouverne pas.* Et pour nous montrer puristes comme Mirabeau, nous ferons observer que l'expression de régent est impropre. Régent vient de *regens, qui régit, gouvernant, qui gouverne.* Ce n'est pas régent qu'il faut appeler le suppléant du roi mineur, ce serait plutôt vice-roi.

L'article 3 fut voté, la discussion ayant été fermée après le discours de Mirabeau.

L'article 4 fut amendé et voté ainsi qu'il suit :

« Aucun parent du roi, ayant les qualités ci-dessus, ne pourra cependant être régent s'il n'est pas français et regnicole et s'il n'a pas prêté le serment civique, ou s'il est héritier présomptif d'une autre couronne.

« Aussitôt que la régence sera échue au régent, sa première fonction sera de publier une proclamation contenant la prestation du serment constitutionnel et la promesse de le réitérer devant le corps législatif, aussitôt qu'il sera rassemblé pour le recevoir. »

L'article 5 fut aussi voté et termina la séance, il est ainsi conçu :

« Les femmes sont exclues de la régence. »

Cazalès seul demandait très-timidement que les reines-mères fussent appelées à la régence lorsque le roi voudra la leur conférer, et cependant, disait-il, l'acte qui la leur transmettra devra être consenti par le corps législatif.

« était loin de s'attendre. Brillart-Savarin, son ami, s'empressa de demander
« la clôture qui fut prononcée sur le discours le plus adroit qui jamais ait été
« fait. Toujours est-il que ce discours coûta 2 ou 300,000 fr. à la cour qui ne
« crut pas l'avoir payé trop cher, parce que le parti de l'élection était très-fort
« dans l'assemblée et dans les tribunes. Mirabeau obtint l'honneur des mur-
« mures et il ne triompha pas moins ; mais il ne jouit pas longtemps de ce
« triomphe si bien rémunéré, il mourut quelques jours après et fut, par
« décret, enterré au Panthéon. »

Est-ce que ce serait là aussi l'explication de la tactique de nos honorables du jour qui parlent noir et votent blanc? Pourquoi non? Charles X ne se plaignait il pas de la soif d'aucuns à qui il donnait par mois mille francs de pour-boire et qui étaient toujours altérés?

Ce dernier vote fut applaudi à outrance, il ne faut pas s'en étonner; certes il ne pourrait en être ainsi dans les circonstances où nous sommes. Alors c'était Marie-Antoinette qui était reine. On sait qu'elle avait perdu entièrement l'affection du peuple ou plutôt qu'elle ne l'avait jamais eue. Tandis que l'intéressante princesse Hélène, l'infortunée veuve du plus aimé des princes, n'est pas moins chérie que ne l'était son époux. Posez donc des principes invariables. Une loi sur la régence ne peut être qu'une loi de circonstance. Ce n'est sans doute que dans ce sens que la chambre des Députés en décrètera une, car il est toujours sage de ne pas préjuger l'avenir.

Si la chambre des Députés a confiance dans le souverain qu'elle nous a donné, elle n'aurait pas beaucoup de peine à confectionner la loi de régence; qu'elle oblige le roi, ainsi que Mirabeau en a exprimé l'opinion, à nommer lui-même, pendant sa vie, le régent. Certes ce monarque doit connaître mieux que personne le membre de sa famille qui est le plus digne de régner par intérim et le moins dangereux pour son petit-fils et pour la conservation de nos libertés. Si le roi a le droit que lui confère la charte, de faire la guerre et les traités, de commander les forces de terre et de mer, de nommer à tous les emplois civils et militaires, pourquoi un article supplémentaire ne lui octroyerait-il pas le pouvoir de désigner le régent, toujours, comme il est d'usage, sous la responsabilité des ministres? Mais serait-il convenable que le choix du roi fût présenté aux chambres par un ministre aussi impopulaire que celui qui est personnifié dans M. Guizot? Un bon choix, objectera-t-on, ne peut-il être présenté par un mauvais ministre? C'est possible, mais la chambre peut répondre : *timeo Danaos et dóna ferentes.* Il est donc indispensable, pour que la dignité de la couronne n'éprouve aucune atteinte, que le choix qu'elle aura fait du régent soit soumis à la chambre par un ministère qui aura sa confiance. Que les conservateurs ne viennent donc pas dire à l'opposition : ajournons nos discussions ministérielles, réunissons-nous momentanément, il s'agit de consolider la dynastie de juillet ébranlée par un coup funeste. Eh! quoi, le transfuge de

Gand, l'homme qui a applaudi à ce sophisme anti-national, que *la France était là où était le roi légitime*, ce serait cet homme-là qui se présenterait, la truelle à la main, pour sceller la première pierre du contrefort dynastique. Non, cela n'est pas possible. La chambre, sans doute, ne laissera pas échapper l'occasion de manifester son opinion sur le ministère. Elle aura à répondre au discours de la couronne; c'est dans son adresse qu'elle pourra manifester son sentiment. Mais, s'écrira-t-on, vous voulez donc à une crise dynastique joindre une crise ministérielle? Et si le trône devenait vacant dans l'intervalle? Le roi est vieux, sa vie n'est-elle pas rongée et abrégée par le chagrin? Ah! vous commencez à prévoir, pourquoi n'avez-vous pas prévu plutôt? Mais, pusillanimes émules du peureux Jacqueminot, les chambres ne sont-elles pas là? Les chambres qui défont et font les rois n'auraient-elles pas le pouvoir de créer un régent?

Nous prions nos lecteurs de nous pardonner cette disgression et nous allons continuer de mettre sous leurs yeux la célèbre discussion de 1791.

Goupil à l'opinion de qui se réunit Barnave, combat l'élection du régent par des députés nommés *ad hoc*, dans la crainte des circonstances critiques où mettraient le royaume deux assemblées représentatives également nombreuses et puissantes.

« Si une assemblée électorale, dit-il, envoyée pour nommer un régent, venait à se nommer convention nationale, que résulterait-il d'une aussi épouvantable démarche? Qu'on ne cherche point à nous aveugler par une distinction métaphysique des pouvoirs, la nécessité est la première loi. »

Le rapporteur Thouret après avoir dit qu'il ne pensait pas trouver autant d'opposition contre l'avis du comité, défend son projet avec beaucoup de talent, de chaleur et d'énergie.

« On craint, s'écrie-t-il, que des hommes puissants ne se fassent nommer avec des mandats inconstitutionnels; on a parlé du danger qu'il y aurait d'établir deux pouvoirs rivaux. On a même été jusqu'à craindre que le corps électoral ne vînt à se déclarer convention nationale. La première de ces craintes n'est que la réminiscence d'anciens faits. Où seront maintenant les titres et les dignités qui éblouiront ? Où sont les emplois qui imposeront au peuple qui sait que tout fonctionnaire est son obligé ? Est-il vrai que la nation se dissoudra pour l'ambition de quelques individus ? Le temps des orages est passé ; la constitution en a étouffé le germe, et le moment d'une minorité ne compromettra pas le repos de la nation. On craint des mandats destructifs de la constitution. On ne verra ces mandats que quand le civisme, la liberté et la constitution auront péri.

« On redoute l'intrigue ; ce n'est pas dans un corps électoral ; mais c'est dans le corps législatif que les intrigues se concentrent ; les relations des affaires publiques ont établi des liaisons entre lui et les citoyens. Il n'en est pas de même d'un corps électoral qui n'est nommé que pour un même but et pour un seul instant. Dans le cas que nous supposons, la législature exerce un pouvoir souverain, qui n'est pas contrebalancé par le pouvoir exécutif. Si le corps législatif avait alors des dispositions contraires à la liberté publique, que de prétextes ne trouverait-il pas pour retarder l'élection du régent ou pour ne nommer qu'une de ses créatures ; l'armée serait à ses ordres... Je puis bien faire ce raisonnement, puisqu'on suppose qu'un corps électoral peut bien se constituer en convention nationale. En admettant les bases des suppositions, en admettant que la constitution sera méconnue, les dangers seront tout aussi possibles et plus à craindre par l'élection attribuée au corps législatif. Quelque avantage qu'il puisse y avoir à mettre en parallèle des systèmes de corruption, j'y renonce parce que ce mode est vicieux ; il détourne de faire le bien, sans garantir du mal. Si la nation est attachée à sa constitution, ses désordres seront réprimés ; si, au contraire, elle est de moitié avec les intrigants, c'est qu'alors elle ne voudra plus de la constitution. En fait de lois, on ne peut raisonner que dans l'hypothèse que la nation les suivra ; ainsi faisons un bon corps électoral. Quelle est la plus sûre base de stabilité, c'est de faire une constitution dont la nation soit d'autant plus contente, que l'on aura eu un plus grand respect pour ses droits. Il y a plus de régularité, plus de profit réel à se tenir attaché aux principes. Je persiste. » (On applaudit.)

Barrère, dans un long discours déclamatoire selon son usage et où il n'y a rien de saillant, se prononce pour l'élection par la législature.

« On oppose, dit-il, que la constitution porte que le pouvoir d'élire appartenant au peuple, n'est pas délégable. Ce principe est vrai pour les élections données aux citoyens par la constitution ; mais le corps constituant étant l'image de la nation, c'est donc la nation même qui renonce et qui peut renoncer par sa constitution à l'exercice de tel droit particulier d'élection qu'elle trouve nécessaire de déléguer à une classe de ses représentants. Ce n'est donc pas manquer de respect au droit national que de déléguer par la constitution à une assemblée nationale un droit d'élection dans un cas qui se présentera une fois peut-être dans quatre siècles. »

Si l'on adoptait l'opinion de Barrère, le peuple aurait bientôt perdu ses droits les uns après les autres. Si un corps constituant avait le pouvoir de les déléguer, on parviendrait bientôt a créer certaines assemblées qui ne se feraient pas faute de les absorber. Si l'assemblée nationale ne s'est pas crue assez puissante pour ôter au peuple l'élection d'un régent, comment se fait-il que le corps législatif de 1830 se soit emparé du droit que pouvait avoir seule une assemblée constituante pour élire un roi et créer une charte ? Comment se fait-il que la chambre des députés actuelle, instituée par cette charte pour faire les lois ordinaires, et non pour alonger la charte, songe actuellement à constituer une régence, et peut-être à nommer elle-même le régent, pouvoir que l'assemblée constituante a refusé au corps législatif, après une discussion bien approfondie ? La chambre de 1830 allégua la nécessité et l'urgence, celle de 1842 en dira autant, et cependant la nécessité n'a pas été démontrée ; le sera-t-elle aujourd'hui, c'est ce qu'on verra ? En 1830, Louis Philippe était lieutenant-général ; en 1842 il est roi bien portant encore, grâce au ciel, il pouvait donc attendre, comme il le peut encore aujourd'hui, que la nation ait délégué ses droits à une assemblée de son choix.

Comme notre intention est d'éclairer toutes les opinions et de satisfaire à toutes les exigences, nous donnons également le discours entier de ce publiciste.

BARÈRE : « Je viens attaquer le plan du comité comme dangereux pour la liberté publique et pour la nation. Dans les cas extraordinaires, heureusement rares, où la régence doit être nécessairement élective, quels seront les électeurs? Suivant le comité, ce sera un corps électoral particulier et différent du corps législatif; selon mon opinion, ce doit être aux représentants de la nation, composant la législature, que la constitution déléguera le pouvoir d'élire. Je soutiens que toutes les considérations s'élèvent contre le plan du comité, que je crois inacceptable sous tous les rapports. Il ne sera pas difficile de prouver que ce droit peut appartenir à la législature et de réfuter quelques objections du comité. On oppose le respect dû au droit national; mais la constitution peut et doit déléguer tous les pouvoirs dont il est nécessaire de déléguer l'exercice lorsque l'intérêt national l'exige; voilà un principe incontestable. On oppose encore que la constitution porte que le pouvoir d'élire, appartenant au peuple, n'est pas délégable. Ce principe est vrai pour les élections données aux citoyens par la constitution; mais le corps constituant étant l'image de la nation, c'est donc la nation même qui renonce, et qui peut renoncer, par sa constitution, à l'exercice de tel droit particulier d'élection qu'elle trouve nécessaire de déléguer à une classe de ses représentants. Ce n'est donc pas manquer de respect au droit national que de déléguer par la constitution à une assemblée nationale un droit d'élection dans un cas qui se présentera une fois peut-être dans quatre siècles. On oppose encore la coalition du corps législatif et du régent qu'il aura nommé; mais ces deux pouvoirs ne sont-ils pas naturellement rivaux, et ennemis même? Ne croyez pas que jamais ils se réunissent pour opprimer la nation qui surveillera ses pouvoirs; ne croyez pas que jamais ils se réunissent

pour opprimer la liberté publique ; des représentants temporaires ne le pourraient devant une nation éclairée, et qui puni-
rait aussitôt par une sainte insurrection une coalition aussi coupable. Ainsi l'opinion publique et les droits nationaux s'opposent
à cette invasion concertée de la puissance. Je pourrais opposer
à mon tour l'exemple de l'Angleterre, dont le parlement nomme
toujours les régents ; je pourrais citer l'exemple même de nos
anciens états-généraux, qui nommaient les régents. Mais qu'importent les exemples quand on peut invoquer les principes et de
fortes considérations ? C'est une des meilleures maximes de l'organisation des empires, qu'il faut compliquer le moins possible
la machine politique...

« Un corps électoral, assemblé expressément pour élire la régence, serait non-seulement une superfluité indigne du corps
constituant, ce serait encore un nouvel obstacle au mouvement
intérieur de l'État ; ce serait un embarras dangereux et une
occasion de rivalités funestes et de chocs de pouvoirs que vous
devez éviter. Un corps électoral chargé d'une élection de cette
importance, s'il était excité par des intrigues puissantes ou des
factieux hardis, pourrait bientôt se permettre d'autres procédés
réservés aux conventions nationales, et altérer ou renverser la
constitution, selon les temps et les circonstances. Représentez-
vous dans la capitale, à côté du corps législatif assemblé à cause
de la vacance de trône, représentez-vous un corps électoral
plus nombreux, revêtu de mandats nationaux, investi de la confiance de tous les citoyens, et créant par leur suffrage une espèce de roi ; représentez-vous une coalition secrète entre le
régent nouveau et ceux qui lui ont donné ce titre éminent ; don-
nez-lui quelques idées ambitieuses ; supposez à huit cent trente
électeurs quelques projets inconstitutionnels, et dites-nous si la
liberté est alors sans danger ; dites-nous si ces deux corps puissants, formés des mêmes éléments, exerçant tous deux un pouvoir national, ne diviseront pas la nation en deux factions ri-
vales, et ne porteront pas sans cesse dans leur sein le germe
affreux des discordes civiles ! »

« Vous qui avez rejeté l'élection de la régence par amour

pour la paix et l'ordre public , vous ne souffrez pas sans doute qu'un nouveau mode d'élection , proposé par le comité , vienne ajouter encore aux troubles et aux factions presque inévitables dans des élections de cette importance. D'ailleurs, combien d'inconvénients se présentent encore.

« Ce corps électoral arriverait bien tard à une élection toujours urgente, car, pendant que les assemblées primaires tiendraient seulement leurs séances , tout pourrait être en combustion autour du trône , surtout dans ces premiers moments où le changement de roi cause tout à coup l'explosion violente des passions diverses et des intérêts politiques de tous les hommes puissants ou ambitieux. Convoquer pour l'élection à la régence toutes les assemblées primaires du royaume, ce serait intéresser personnellement tous les citoyens au choix d'une espèce de roi provisoire , les livrer tous à l'agitation des cabales , mettre tout le royaume en mouvement ou en convulsion , et jeter partout à la fois d'innombrables étincelles de guerre civile.

« Pourquoi donc ne pas préférer, pour l'élection à la régence, la législature , qui peut, pour les cas rares et extraordinaires , faire les fonctions de corps électoral, qui est toujours prête à s'assembler sans causer aucune agitation dans le royaume ? Si l'élection à la régence n'entre pas dans la mission du corps législatif, c'est à la constitution à déléguer ce pouvoir aux législatures , qui , pour l'intérêt public , sont susceptibles de toutes les délégations possibles. Les membres du corps législatif ayant déjà obtenu la confiance publique pour des objets bien plus importants que l'élection d'un régent, d'un tuteur momentané , pour la formation des lois de l'État , ne sont-ils pas censés , à plus forte raison , revêtus de toute l'autorité nécessaire pour cette élection , qui ne peut jamais compromettre le bonheur de l'État que quelques instants ? Eh quoi ! l'on refuserait au corps législatif le droit d'élire le régent à cause des dangers de la corruption et de l'intrigue qui pourraient agiter les membres de cette assemblée ! Mais n'avez-vous pas donné au corps législatif le terrible droit d'enchaîner les générations futures par les lois, et d'embraser l'Europe par la guerre ? et vous craignez de lui confier l'élection d'un régent, dans un cas qui se présentera peut-être une fois dans deux siècles !

LEGRAND : « Le peuple a délégué deux pouvoirs distincts, celui de faire des lois, et celui de les faire exécuter. Si le législateur influe sur l'exécution de ses lois, les pouvoirs sont confondus. »

DUPORTS : « On parle sans cesse de conserver la pureté des principes..... Vous avez voulu placer avant tout la nécessité et l'utilité générales malgré la force du principe, vous avez décrété ν e le trône serait héréditaire, première dérogation. Vous avez été plus loin. Après une longue discussion sur la régence, vous l'avez déclarée héréditaire, en envisageant l'utilité publique, et vous avez encore dérogé aux principes. Voyez si la question qui vous est soumise ne veut pas la même exception... L'État pourrait-il subsister sans chef pendant un délai de trois mois, qu'entraînerait indispensablement la formation d'un corps électoral ?..... Le corps législatif au contraire se rassemblera sur une simple convocation, vous avez ici le moyen le plus prompt ; et le plus prompt est le meilleur.

« Le comité de constitution propose de décréter que le corps législatif nomme celui qui aura la garde du roi. Cela est-il dans l'ordre des fonctions attribuées au corps législatif ? Non, mais il a senti la nécessité d'un corps qui puisse promptement s'assembler. »

CHAPELIER. « Le plus grand des principes est que le droit que le peuple peut exercer est indélégable. Si la nomination d'un régent était attribuée au corps législatif, il deviendrait convention nationale, puisqu'il pourrait retarder cette élection, ne pas la faire ou bien imposer des conditions à son élu. S'il nommait le régent, il serait naturellement coalisé avec lui ; ce serait la réunion la plus funeste de deux pouvoirs qui doivent se balancer. Ce système prépare la destruction de la constitution et la ruine de la liberté. M. Duport nous a cité l'exemple de la garde du roi mineur : mais la garde du roi mineur n'est pas une fonction publique, parce qu'elle ne tient pas à l'action du gouvernement.

« On vous a parlé de la crainte d'une coalition entre le corps électoral et le régent. Le corps législatif n'aurait-il pas alors plus de raisons et bien plus de moyens pour se perpétuer? Mais cessons de le craindre : on ne se battra plus pour soutenir les prétentions d'hommes ambitieux, *on ne se battra plus que pour défendre la constitution et la liberté.*

« Je réponds maintenant à l'inconvénient de la longueur d'un interrègne. Si la législature n'est pas assemblée, il y aura toujours un intervalle. Qu'importent quinze jours plus tôt ou plus tard! cela est à peu près égal pour l'élection du gouvernement. Il y aura, il est vrai, une stagnation dans l'émission des lois; mais nous n'avons pas besoin d'une loi tous les jours. »

MIRABEAU. « Il y a des inconvénients énormes à faire, sous quelque prétexte que ce soit, d'une législature un corps électoral. Cela me paraît une dérogation à tous les principes. »

BARNAVE. « Quant à moi, il me semble qu'il serait utile de trouver un corps électoral qui pût remplacer le corps législatif, quoique être nommé par le corps législatif ce soit aussi être nommé par le peuple... » (Murmures.)

DESMEUNIERS. « Il faut poser ainsi la question : *Dans le cas où un roi mineur n'aurait aucun parent réunissant les qualités requises, le régent sera-t-il élu par le corps législatif, oui ou non?* »

TOULOUGEON. « Il faut ainsi poser la question : *Le cas arrivant, le pouvoir législatif nommera-t-il le pouvoir exécutif?* » (On applaudit.)

Après quelques phrases de Cazalès en faveur du corps législatif et de nombreux rappels à la question, la discussion est fermée sur le principe, l'assemblée décrète que, dans le cas où il y aurait lieu à l'élection du régent, cette élection ne sera pas déléguée à la législature.

Dans cette séance furent votés les articles 13 et 14 du projet, sauf un changement de rédaction à ce dernier.

Ces simples paroles de Toulongeon : *Le pouvoir législatif nommera-t-il le pouvoir exécutif?* sont peut-être la critique la plus amère que l'on pourrait adresser à la chambre de 1830, qui a jeté à bas tous les principes et porté un coup mortel à la souveraineté nationale.

Ne pourrions-nous pas aussi lancer à la figure des députés actuels ces mêmes paroles de ce patriote énergique : *Le corps législatif de* 1842 *osera-t-il nommer le pouvoir exécutif?*

Il y aurait inconvenance, nous dirons plus, il y aurait immoralité à ce que la chambre nommée avant la catastrophe du 13 juillet fût reconnue apte à faire une loi de régence, et surtout à nommer le régent. Si toute espèce de séduction, de corruption a été employée vis-à-vis des électeurs, combien ces moyens ne sont-ils pas plus faciles à utiliser lorsqu'on n'a devant soi, autour de soi, à sa portée, qu'un petit nombre d'hommes à gagner? Il ne tiendrait qu'à la chambre de nous donner une de ses créatures pour régent, de renverser la dynastie, de proclamer le duc de Bordeaux, de faire sortir Louis Bonaparte du château de Ham, d'organiser la république ou de mettre sur le trône un despote. Elle pourrait donc faire tout cela? Non, cela n'est pas possible; la nation ne lui a pas donné mission pour cela, la nation tout entière s'y opposerait. Ah! monsieur Guizot, puisque vous n'êtes pas content des élections, puisque vous tenez tant au pouvoir, vous avez un beau prétexte constitutionnel pour faire une autre tentative, prononcez la dissolution de cette chambre où vous comptez plus d'ennemis que d'amis, appelez-en à de nouvelles élections, avec invitation aux électeurs de donner à leurs représentants le mandat de faire une loi de régence et de nommer le régent. Mais que disons-nous? cette nouvelle assemblée, prétendue constituante, ne serait qu'une assemblée factice et de privilége, elle ne serait pas la véritable expression du vœu national. Deux cent mille électeurs ne forment pas un peuple, et c'est le peuple tout entier qui a des droits à ce qu'on le consulte dans la circonstance importante où il est question de lui donner un suppléant de roi.

Séance du 25 mars 1791.

L'article 15 du projet est rejeté après ces quelques phrases de Duport.

« Il ne s'agit pas ici d'un droit héréditaire, mais d'un dépôt confié provisoirement à un individu. Il me paraît nécessaire qu'il n'y ait qu'un seul régent ; qu'a-t-on à désirer pendant la minorité du roi, c'est que plusieurs hommes ne viennent pas essayer momentanément les efforts de leur ambition ; c'est une chance qu'il faut éviter, puisqu'en prenant cette mesure on ne contrarie aucun droit ; je demande donc que celui qui aura reçu le dépôt, ne le rende qu'au roi. »

L'assemblée décrète que celui qui aura reçu la régence, ne la rendra qu'au roi à l'époque de sa majorité.

L'article 20 relatif à l'âge de la majorité du roi est mis en discussion.

Thouret déclare qu'en adoptant l'âge de dix-huit ans, le comité a considéré que les régences ont plus ou moins d'inconvénients, et que moins elles auraient de durée, moins il y aurait d'occasions pour combiner des mouvements. « A dix-huit ans, dit-il, un roi, s'il était frappé de nullité n'en exercerait pas moins pour cela sur les affaires une autorité dangereuse, et peut-être cette raison vous déterminera à fixer sa majorité au-dessous de sa majorité ordinaire.

Cazalès est de l'avis du comité, il pense que la loi sur la régence fera cesser les cas qui pourraient rendre les minorités orageuses.

Pétion : « Le préopinant vous a dit que nous n'aurions plus de régences orageuses. Je suis de son avis et je pense qu'un homme qui n'aura qu'une autorité temporaire, n'aura d'autre intérêt que celui de faire le bien ; dès-lors, il faut revenir aux principes. Quel est le principe ? c'est de fixer la majorité des rois comme celle des autres citoyens. Sa raison n'est pas plus perfectionnée, peut-être même que leur éducation les tient dans une plus longue enfance. (On applaudit). Un de nos plus grands rois, Saint-Louis, ne fut majeur qu'à vingt-un ans. Je demande donc que le roi ne soit pas déclaré majeur plutôt que tous les autres citoyens.

Estourmel : « Je demande que la majorité soit fixée à quatorze ans. »

L'article du comité est décrété.

L'article 19 qui avait été renvoyé après l'adoption de l'article 20 est mis en délibération.

Duport : « Fixer à quatorze ans l'époque où le roi mineur pourra entrer au conseil, c'est déterminer une époque précise où il pourra être quelque chose, tandis que jusqu'à dix-huit ans il doit être considéré presque comme un enfant. »

Desmeuniers « : Je propose de retrancher ces mots *avec voix délibérative* et que l'on y substitue ceux-ci *pour son instruction.* »

Mirabeau : « Le temps est passé où l'on disait que des grâces particulières d'État répandaient des lumières sur les princes. Ces mots ont été applaudis, révérés même; que l'on cesse donc de s'inquiéter sur le temps qui sera fixé pour l'entrée du roi mineur au conseil; que l'on ne fixe pas plutôt quatorze ans que quinze, à moins que l'on ne décide aussi qu'il ne s'y agitera que des fariboles : disons seulement que l'enfant royal entrera au conseil quand le régent le voudra. » (On murmure).

La Poule : « Je demande la parole pour combattre la proposition de M. Mirabeau. »

Mirabeau : « Puisque M. Lapoule veut combattre ma proposition, je la retire. » (Murmure).

La Poule : « L'humilité de M. Mirabeau lui réussit toujours assez bien; puisqu'il retire sa proposition, je demande que l'article soit rédigé en ces termes :

Article 19. Le roi parvenu à l'âge de quatorze ans accomplis, assistera au conseil pour son instruction seulement. (On applaudit.)

Cette rédaction est adoptée.

Thouret lit l'article **21.**

Alexandre Lameth : «Vous avez cru qu'on devait exiger du ré_ent, avant d'entrer en exercice, le serment d'être fidèle à la constitution. Il me semble que nous devons statuer qu'il en sera de même pour le roi, c'est-à-dire, qu'au moment où le roi sera majeur et qu'il le publiera par une proclamation, cette proclamation renfermera le serment à la constitution et la promesse de la réitérer aussitôt que le corps législatif sera rassemblé. »

Mirabeau : « La proclamation devrait être faite par le corps législatif... »

Thouret fait observer que le rassemblement de la législature peut être retardé par des motifs qu'on ne peut prévoir.

L'article est adopté en ces termes :

Article 21. Aussitôt que le roi sera devenu majeur, il annoncera par une proclamation publiée dans tout le royaume qu'il a atteint sa majorité, et qu'il est entré en exercice des fonctions de sa royauté. Cette proclamation contiendra son serment avec promesse de le réitérer devant le corps législatif, aussitôt qu'il sera assemblé.

C'est donc dans cette séance du 25 mars que fut terminée la loi de régence, sauf à déterminer le mode d'élection du régent par le peuple, dans le cas ou il n'existerait aucun membre de la famille royale qui remplît les conditions voulues pour être régent. Nous allons maintenant mettre sous les yeux du lecteur les délibérations qui eurent lieu au sujet de la loi dite de la garde du roi.

La discussion commença dans la même séance.

De la garde du roi mineur.

Thouret fait lecture de l'article 1er.

Article 1. La régence du royaume ne confère aucun droit sur la personne du roi mineur.

Cet article est décrété sans discussion.

Article 2. La garde de la personne du roi mineur sera confiée à sa mère, et à défaut de la mère à celui des parents du roi qui sera français, regnicole, âgé de trente ans accomplis et le plus éloigné du trône.

L'article fut renvoyé au comité pour être réexaminé.

Séance du 26 mars 1791.

THOURET. « Vous avez renvoyé hier à votre comité l'examen de l'article 2, qui décide à qui sera déférée la garde du roi mineur, dans le cas où il n'aurait plus de mère. Après avoir examiné l'article de nouveau, nous avons adopté le parti de la garde élective, et voici nos raisons. Il n'y a pas assez d'analogie réelle entre la régence et la garde du roi, pour que l'ordre d'hérédité soit applicable à l'une comme à l'autre.

« La garde du roi mineur est une place de confiance. En la déférant suivant le rang successif de parenté, on tombe dans l'inconvénient très-grave d'appeler fixement dans tel cas tel individu qui peut-être de tous les Français en est le moins digne. On objecte contre le mode d'élection que c'est attenter aux droits des parents du roi sur la garde du mineur. Ce s'ystème ne s'applique qu'aux droits d'une famille privée sur des individus privés. Mais ici c'est l'intérêt de la grande famille nationale qui l'emporte sur la famille privée. Nous proposons en conséquence de rédiger l'article 2 en ces termes :

Article 2. « La garde de la personne du roi mineur sera confiée à sa mère ; et à défaut de la mère, la garde sera déférée par l'élection du corps législatif. »

MARTINEAU demande que la famille royale propose au corps législatif trois candidats.

LEBOIS-DAIGUIER démontre comme dangereux le rassemblement de la famille royale dans le moment de la vacance du trône.

M..... demande que le roi, de son vivant, délègue à qui bon lui semblera la garde du roi mineur.

BLIN. « J'appuie la proposition. Il est impossible de faire un meilleur choix que celui qui sera éclairé par la puissance paternelle. »

THOURET. « Quelle confiance voulez-vous qu'on ait à un

acte du roi qu'on pourra lui faire faire aux portes de la mort ou dans un moment où il sera entouré de séduction. »

CAZALÈS. « Pour remédier à cet inconvénient, il n'y a qu'à déclarer que, pour être valable, l'acte du roi devra être fait six mois avant sa mort. »

REWBEL..... « Je demanderai qu'il ne puisse le faire sans que ses médecins aient déclaré qu'il se porte bien. »

L'article 2 est décrété, avec la proposition suivante présentée par Thouret :

« Provisoirement le ministre de la justice sera tenu de pourvoir à la conservation de la personne du roi et en demeurera responsable. »

Article 3. « Si la mère est remariée au temps de l'avènement de son fils mineur au trône, ou si elle se remarie pendant la durée de la minorité, la garde du roi sera déférée par l'élection du corps législatif. »

Cet article est décrété, ainsi que le suivant.

Article 4. « Le régent, ses descendants et les femmes ne pourront pas être élus pour la garde du roi. »

Article 5. « Celui qui, à défaut de la mère du roi mineur, sera chargé de la garde du roi, prêtera à la nation, entre les mains du corps législatif, le serment de veiller religieusement à la conservation de la vie et de la santé du roi. »

THOURET. « Nous n'obligeons pas la mère du roi au serment, parce qu'une marâtre ne respecterait pas la religion de son serment; c'est un grand hommage rendu à la nature que de ne pas prévoir ce cas. »

L'article 5 est décrété.

La proposition que pour être régent il faudra être âgé de vingt-cinq ans accomplis, et celle faite par Barnave que l'acte par lequel le corps législatif nommera le préposé à la garde du roi mineur ne sera pas susceptible de sanction, sont également décrétées.

Nous ne donnons point le complément de la loi sur la régence par le mode d'élection du régent, à défaut de parent du roi mineur, mode d'élection qui fut ajourné et décrété plus

tard, attendu que nous ne pensons pas que la chambre des députés veuille même songer à l'imiter. Nul doute qu'elle se ré-
servera ce droit dans la nouvelle loi qu'elle va discuter et voter,
malgré les graves inconvénients et les dangers qui ont été signalés par les orateurs de l'assemblee constituante. La chambre
actuelle ne se croira pas moins autorisée qu'une de ses défuntes
sœurs à constituer un régent, puisque l'une d'elles a bien pu et
su faire un roi et une charte. Quand une fois on a commencé à
déroger aux principes de droit national, il n'y a pas de raison
pour qu'on s'arrête.

Nous venons d'analyser le mieux qu'il nous a été possible et
avec tout le soin qu'exigeait la matière cette mémorable discussion sur une loi de régence qui présentait beaucoup de difficultés et à la rédaction de laquelle ont contribué les grands orateurs qui ont immortalisé l'assemblée constituante. On a dû remarquer que le principe monarchique domine dans cette loi. En
effet, à une époque où les fonctions publiques étaient électives,
où la démocratie prenait un grand ascendant, on aurait dû s'attendre à ce que la régence fût aussi soumise à l'élection, puisque, suivant l'expression de Mirabeau, *le régent n'est qu'un
fonctionnaire public.* D'où provient cette dérogation au principe? Mirabeau et les partisans que le duc d'Orléans avait dans
l'assemblée auraient pu seuls nous l'expliquer. Certes, Mirabeau
ne nourrissait pas une grande affection pour la monarchie, l'argent était sa seule religion, et son ventre son seul dieu. Cazalès
et Barnave étaient, à ce que nous pouvons croire, les principaux
soutiens de la royauté et lui ont rendu de grands services.

Nous n'avons donc pas lieu d'espérer que la chambre des députés, surtout sous l'administration des conservateurs, nous
donne une loi de régence plus démocratique que celle de 1791,
et nous croyons, au contraire, qu'elle tâchera de l'élaborer de
manière à ce qu'elle soit plus monarchique encore s'il est possible. Ainsi nous ne nous étonnerions pas qu'elle adoptât l'article
du comité qui voulait que le régent élu cédât la place au plus
proche parent royal sitôt qu'il serait devenu majeur. On a vu

que cet article a été rejeté par la raison qu'il n'était pas convenable de posséder deux régents, un en action et un autre en ex-
pectative, bien qu'avec un régent on ait deux rois, l'un en exercice et l'autre en inactivité. On mettra en avant sans doute qu'il
serait bien pénible pour un parent du roi mineur qui n'aura que
vingt ans et onze mois au moment de la mort du roi de ne pas
avoir le plaisir de trôner pour trente pauvres jours qui lui man-
queront. C'est comme pour le contribuable qui ne peut avoir la
jouissance de mettre un bulletin dans une urne parce qu'il ne
paie que 199 fr. 95 cent. d'impôt. Comme, en général, un gouvernement, même constitutionnel, a une répugnance assez mar-
quée pour tout ce qui est électif, il est à croire qu'à un régent
à prendre en dehors de la royauté à défaut de parent mâle, on
préfèrera une femme royale, soit la mère, la grand'-mère, la
tante ou la sœur. Ce ne serait que dans le cas où le roi n'aurait
aucune espèce de parent de l'un ou de l'autre sexe qu'on se ré-
signerait à élire le régent non dans toutes les classes d'hommes,
mais dans certaines qui seraient désignées.

Nous ne pouvons préjuger le travail de la chambre des députés ; mais ce qu'il y a de certain, c'est qu'elle ne fera pas
mieux que l'assemblée constituante, dont elle devrait suivre les
errements. Cette assemblée se trouvait à peu près dans les mêmes
circonstances où nous nous trouvons. Louis XVI n'avait qu'un
enfant mâle en bas-âge ; il n'y avait pas longtemps qu'il existait
une constitution parlementaire et en quelque sorte une nouvelle
monarchie, bien que le chef fût un descendant d'une dynastie
absolue. C'était pour consolider cette monarchie représentative
héréditaire que cette célèbre assemblée travailla à cette loi de
régence qui devait compléter l'œuvre constitutionnelle. Mais
que peuvent toutes les prévisions, toutes les combinaisons humaines, contre les événements que le destin, la fatalité, la Providence, ce quelque chose enfin qui mène le monde, fait surgir
tout à coup, sans qu'on y ait été préparé. La monarchie constitutionnelle fut renversée, et l'ouvrage de la constituante fut enterré avec la couronne. Cependant il semble que ce qui est l'œuvre de la raison et du génie ne doit pas périr tout entier, et qu'il

ne faut qu'un moment, au milieu d'une profonde paix et lorsque le gouvernement paraît soutenu par la nation, pour que la vie soit donnée à cette œuvre momentanémeut cadavre.

Nous croyons donc que la chambre des députés n'a rien de mieux à faire que de se baser sur ce travail important, et que les matériaux dont il est composé pourront lui servir à construire une nouvelle loi de régence en rapport avec la constitution qui nous gouverne. Avec cette constitution bien observée, les orages qui ont pu éclater en temps de gouvernements absolus, ne sont nullement à craindre. Qu'importe qui soit régent ? Ce n'est pas même un témoignage de confiance à donner à celui qui doit l'être, ce n'est qu'une marque d'affection. Et, à ce titre, qui la mériterait mieux, cette marque d'affection, que l'infortunée princesse Hélène qui, privée de son époux d'une manière si fatale, concentrerait tous ses soins, tout son amour sur ce jeune enfant qu'elle nous rendrait un jour digne de la plus belle couronne de l'Univers. Si nous donnons la préférence à cette princesse sur le duc de Nemours, dont la France ne doit redouter nullement le caractère fier, sec et aristocratique, ainsi que le dépeignent les Anglais, et il suffirait que les Anglais cherchassent à le déprécier pour nous le faire estimer davantage, c'est que nous voudrions lui éviter les désagréments dont les soupçons, les calomnies, les suppositions perfides et infâmes ne cesseront de semer sa carrière. Qu'il jette les yeux en arrière dans l'histoire de sa famille.

L'organe d'un parti clair-semé sur le terrain national et qui n'y peut pas prendre racines, tant sa sève est stérile, a osé prétendre que c'est par crainte des tempêtes d'une minorité et d'une régence, qu'on a élevé sur le trône une dynastie de princes vigoureux et dans la force de l'âge. Ce champion de la légitimité du droit divin n'a pas dit vrai, la France n'a peur de rien, parce qu'elle a foi en elle-même et à sa souveraineté nationale. Elle a exilé Charles X et sa famille, parce que leur royauté nous avait été imposée par l'étranger, comme elle saura écarter de la direction de ses affaires tout homme qui n'agira que sous l'influence étrangère. On vous a vu venir, incorrigibles partisans d'une famille déchue à jamais, et nous nous y attendons bien. En cherchant à nous effrayer par le tableau des troubles, des dissentions en temps de minorité que vous allez puiser dans l'ancien régime, vous avez l'air de nous dire : A quoi bon une loi de régence? Pourquoi nommer un régent? N'avez-vous pas sous la main un roi majeur? Que n'appelez-vous le duc de Bordeaux? Celui-là aussi a fait une chute, mais la Providence nous l'a conservé.

Députés de la France! hâtez-vous de nous donner un régent quel qu'il soit, pour mettre un terme à ce langage anti-constitutionnel, à ces desirs, à ces vœux, à ces espérances qui ne peuvent amener que des désordres. Ce sont ces espérances, ces vœux, ces desirs qui peuvent seuls vous faire pardonner d'usurper le pouvoir constituant. Nommez un régent, mais ajournez jusqu'à nos neveux une loi de régence. Les lois constitutives, invariables, perpétuelles, il n'est pas donné à l'homme de les faire. Les circonstances doivent vous guider. Faites donc des lois de circonstance; celles-là seules peuvent défier la fatalité.

Cependant nous craignons bien que cette précipitation ne soit plus nuisible qu'utile à la nouvelle royauté. Nous ne savons jusqu'à quel point il a été politique de devancer de huit jours la convocation des chambres. La dynastie d'Orléans est donc fondée sur des bases bien fragiles, pour qu'après douze ans de règne, la mort imprévue d'un des membres de cette nombreuse famille puisse lui imprimer une secousse aussi violente que celle dont on veut épouvanter le peuple. En recevant la nouvelle de la conspiration de Mallet et de la pusillanimité de Frochot, préfet de la Seine, qui eut la faiblesse d'ouvrir aux conjurés les salles de l'Hôtel-de-Ville, Napoléon ne pût s'empêcher de dire : « Ma dynastie est donc bien mal assise, puisque la misérable » échauffourée d'un fou a failli la renverser. » Le ministère n'a pas parlé aussi franchement, mais ses actes en disent tout autant. On assure que Napoléon regretta les paroles qui lui sont échappées, et il avait raison, car il n'est pas bon que le peuple aperçoive les lézardes qui peuvent se former dans l'édifice gouvernemental. Certes, il eût été plus sage de n'occuper la presse que de la douleur publique jusqu'à la convocation primitivement fixée; mais le ministère Guizot a voulu se donner le mérite de consolider la dynastie de juillet en présentant lui-même la loi de régence le plutôt possible ; il a pensé que son zèle prouverait son dévouement et le maintiendrait au pouvoir qui lui aurait échappé sans l'affreux événement qui désole la patrie. Il est des hommes d'état, fatalement nés, qui ont besoin d'émeutes, de troubles et de malheurs publics pour soutenir leur existence politique. Ils ressemblent aux vampires qui sentent leur vie factice s'éteindre, lorsqu'ils ne trouvent plus à se repaître de sang.

Nous avons émis l'opinion qu'il ne convenait pas à la chambre des députés de faire une loi de régence générale et invariable, par la raison que les circonstances donnent presque toujours le démenti aux prévisions humaines. On a pu, sans contredit, poser le principe de l'hérédité monarchique de mâle en mâle par ordre de progéniture ; on peut y être fidèle et le maintenir pendant plusieurs siècles ; il n'y a qu'une révolution ou l'insurrection unanime d'une nation qui puisse le renverser. Mais peut-on également admettre l'hérédité pour la régence, en commençant par le plus proche parent du roi, et en faire un principe? L'assemblée constituante, tout en l'établissant, en a démontré tout le danger. et il est inutile de répéter tous les inconvénients qu'ils ont signalés. Il en est plusieurs qu'elle a omis. Ainsi les parents du roi mineur ne peuvent-ils pas être soumis, comme les autres hommes, à toutes les infirmités humaines? Ne peuvent-ils pas être incapables d'exercer le pouvoir exécutif? Ils peuvent être ou sourds, ou aveugles, ou en démence, exilés même. Si l'on veut construire une loi générale, il faudra donc prévoir tous les cas possibles d'incapacité. Ce supplément à la charte risque fort d'être plus étendu que la charte elle-même.

Plus nous songeons aux difficultés qui naissent à chaque réflexion que nous suggère cet important sujet, plus nous abondons dans le sens d'une loi que nous voudrions plutôt réglementaire que de circonstance. Ainsi, si nous avions l'honneur de faire partie de la chambre des députés, voici le projet d'acte additionnel à la charte que nous proposerions.

« Art. 1er. A la mort du roi des Français, une proclamation, émanée du ministère, convoquera de suite les deux chambres, à l'effet de reconnaître son successeur dans sa dynastie, d'après l'ordre de progéniture, et de recevoir son serment.

» Art. 2. Dans le cas où le successeur au trône sera mineur, c'est-à-dire, s'il n'a pas atteint l'âge de dix-huit ans accomplis, il y aura lieu à nommer un régent à qui sera confié le pouvoir exécutif.

» Art. 3. Dans l'intervalle qui séparera la mort du roi de l'élection du régent, les ministres exerceront le pouvoir exécutif sous leur responsabilité.

» Art. 4. Les deux chambres, réunies en une seule assemblée, nommeront le régent au scrutin individuel et à la pluralité absolue des suffrages.

» Art. 5. Les pairs, nommés dans les six mois qui auront précédé la mort du roi, ne pourront siéger dans l'Assemblée qui doit élire le régent.

» Art. 6. Le régent élu prêtera serment entre les mains des deux chambres assemblées, et entrera de suite dans l'exercice temporaire des fonctions de la royauté. »

Ce projet de loi n'a pas besoin de bien longs développements pour être compris. Par là, on devient maître des circonstances ; on laisse aux chambres la faculté d'agir d'après les éventualités qu'il est impossible à l'homme de prévoir. La prescience de Dieu ne nous a pas été dévolue. Ne cherchons pas à faire plus que ne comportent la faiblesse humaine et la limite de nos connaissances.

Imprimeries de Pecquerrau et Cie., rue de la Harpe, 38.